주먹

주먹
FIST

당신의 주먹은 어디를 향하고 있는가?

강준 지음

좋은땅

이 책에는 그림이 있습니다.

그러나 화려한 유화도 아니고, 비싼 종이에 새겨진 초상화도 아닙니다.

그저 연필로 툭툭, 마음이 시키는 대로 흘러간 낙서 같은 그림들입니다. 하지만 이상하게도, 그 낙서 속에는 팔이 꺾이고, 주먹이 멈추고, 발끝이 허공을 가르는 순간들이 들어 있다는 것을 알았습니다.

『주먹』은 주먹으로 싸우는 이야기가 아닙니다.

오히려 주먹을 내려놓기까지 얼마나 많은 마음의 전쟁이 필요한가를 보여 줍니다.

싸움은 힘이 아니라 선택이며, 승리는 상대를 부수는 것이 아니라, 멈출 줄 아는 자신을 발견하는 데 있다는 것.

만약 당신이 이 책을 펼친다면, 기술을 배우는 것이 아니라 한 인간의 낙서 속에 숨어 있던 철학을 마주하게 될 것입니다.

때로는 우스꽝스럽고, 때로는 서늘하며, 그러나 끝내는 웃음 뒤에 묵직한 울림을 남길 것입니다.

주먹보다 오래 남는 것은 마음입니다.

그리고 이 책은, 그 마음을 지키는 가장 낡고도 새로운 무술에 관한 이야기입니다.

주먹보다 무서운 건 선택이다

싸움이란 원래 인간에게 주어진 오래된 직업이었다.

태초의 인간은 맨손으로 나무를 부수고, 돌로 짐승을 때려잡으며, 서로의 어깨를 붙잡고 생존을 두고 버텼다.

그때의 싸움에는 명예도, 규칙도, 포인트도 없었다.

오직 살아남느냐, 아니면 사라지느냐, 그 두 가지뿐이었다.

이 단순하고 냉혹한 선택이 인류의 뼛속 깊이 새겨져, 수천 년이 지난 오늘날까지도 본능의 심연에서 꿈틀거린다.

세월이 흘러, 싸움은 문화를 입었다.

예절을 배우고, 기술을 익히고, 심지어 경기라는 이름의 무대 위에서 박수와 함성을 받게 되었다. 그러나 아이러니하게도, 싸움의 본질은 변하지 않았다.

눈앞의 상대가 내 목숨을 위협하면, 우리는 여전히 주먹을 쥔다. 그리고 그 주먹 안에는 단순한 힘이 아니라, 살아야 한다는 간절한 마음이 들어 있다.

공권유술은 바로 그 마음을 다루는 무술이다.

사람들은 타인보다 더 강해지기 위해서 더 강한 무술을 찾는다. 그러나 강하다는 건 단순히 주먹이 빠르다는 뜻이 아니다. 발차기가 높이 뻗는다는 뜻도 아니다.

강하다는 것은, 상대의 눈을 보고도 두려움에 삼켜지지 않는 것이다.

한발 물러날 수 있는 용기, 꺾기 직전에 멈출 수 있는 힘, 싸움이 끝난 뒤 먼저 손을 내밀 수 있는 마음. 이것이 강함의 본질이다.

나는 평생 수많은 무술인을 보았다.

주먹으로는 이기지만 마음으로는 진 사람들. 그들은 결국 기술보다 빨리 무너졌다.

반면 기술이 부족해도 마음이 꺾이지 않는 사람은 오래 살아남았다.

공권유술의 철학은 바로 이 차이를 만드는 법을 가르친다.

싸움은 기술의 전쟁이 아니다.

싸움은 선택의 전쟁이다.

내가 어떤 기술을 쓸 수 있느냐보다, 언제 쓰고 언제 멈출 수 있느냐가 중요하다. 그리고 그 선택은 힘에서 나오지 않는다.

생각과 마음에서 나온다.

나는 제자들에게 이렇게 말한다.

"승리는 기술에서 오지만, 존엄은 철학에서 온다."

주먹이 만드는 승리는 짧지만, 철학이 만드는 승리는 길다.

싸움이 끝나도 남는 것은 점수판이 아니라, 내가 어떤 사람이었는가 하는 기록이다.

공권유술은 결국 이렇게 묻는다.

"네가 지키고 싶은 건 무엇이냐?"

그 답이 명확해지는 순간, 싸움은 더 이상 무섭지 않다.

나는 수련생들에게 기술보다 먼저 마음의 방패를 만들라고 한다.

마음의 방패란 화려한 무늬가 있는 것도 아니고, 강철로 된 것도 아니다.

그것은 자신이 왜 싸우는지를 아는 확신이다.

그 확신이 있으면, 주먹이 닿지 않아도 상대의 마음을 꺾을 수 있다.

도장에서 하루하루는 단순히 몸을 움직이는 훈련이 아니다.

서로의 눈을 보고, 땀을 나누고, 실수를 통해 배우며 성장하는 시간이다.

매트 위에서 넘어진다는 건, 실패가 아니라 더 나은 일어서기를 배우는 과정이다.

어떤 날은 땀 속에 웃음이 섞이고, 어떤 날은 핏속에 웃음이 섞인다.

그 웃음이야말로 싸움 속에서 사라지지 않는 인간성이다.

이 책은 기술의 비밀을 알려주는 동시에, 싸움 속에서 사람의 마음이 어떻게 변하는지를 보여 줄 것이다.

주먹과 발의 궤적 뒤에는 언제나 마음의 궤적이 남는다.

그것을 볼 줄 아는 사람이 진정한 무술인이다.

싸움이 끝난 뒤, 손을 내밀어 상대를 일으켜 세울 수 있는 사람, 그 사람이 바로 공권유술이 말하는 승자다.

승자는 링 위에서만 존재하는 것이 아니라, 삶의 모든 장면에서 나타난다. 직장에서, 가정에서, 심지어는 내 안의 두려움과 싸울 때도.

당신이 이 책에서 발차기 각도와 주먹의 속도만 배운다면, 그것은 절반의 공부다. 그러나 싸움 속에서 웃는 법, 싸움 속에서 멈추는 법, 그리고 싸움 속에서 나를 지키는 법을 배운다면, 그것이 온전한 공부다.

"나를 지키기 위해서 상대를 지킨다."

그 대답을 마음속에 품은 순간, 당신은 싸움에서 이미 절반 이상 이긴 것이다.

지은이 강준

목차

1부

주먹보다 깊은 이야기

힘이 아닌 선택의 전쟁

그날 아침은 묘하게 눅눅했다.

창문 밖의 공기는 회색빛으로 젖어 있었고, 매트 위의 고무 냄새마저 물기를 머금은 듯 코끝을 스쳤다.

가까운 카페에서 따뜻한 커피 한잔을 마시고 창밖을 본다.

사람들이 분주하게 움직이고 달리는 자동차들 속에서 오늘 하루도 그렇게 지나간다.

싸움이라는 단어가 주는 날카로움은, 이상하게도 오늘따라 물속에서 둥글게 굴러다니는 돌멩이처럼 둔탁했다.

싸움은 흔히 폭발이라 불린다. 그러나 내가 본 싸움들은 대부분 폭발이 아니라, 오래 묵힌 숨이었다. 숨은 한 번에 터지지 않는다. 가슴속 깊은 곳에서부터 몇 해, 몇 달 혹은 몇 초 동안 서서히 차오른다. 그 숨이 더는 어디로도 갈 수 없을 때, 그때 비로소 손이 움직이고, 발이 움직인다.

나는 평생 수많은 손과 발을 봐 왔다. 매트 위에서, 골목길에서, 때로는 자기 마음속의 골방에서. 어떤 손은 주먹을 쥐었고, 어떤 발은 도망을 택했다. 그러나 그 어느 것도 완전히 옳지도, 완전히 그르지도 않았다.

중요한 건 '그 순간'이었다. 선택은 언제나 순간을 향한다.

순간의 온도와 냄새, 그리고 자신이 지켜야 할 무언가의 얼굴을 향해.

공권유술은 기술만 가르치고 배우는 무술이 아니다.

그것은, 결국, 사람을 가르친다.

언제 발을 내디뎌야 하는지, 언제 손을 풀어야 하는지. 때로는 한 걸음 전진이, 평생의 후퇴가 될 수 있음을. 그리고 한 걸음 물러섬이, 다시 싸울 수 있는 내일을 보장함을.

젊었을 때의 나는 몰랐다.

발차기의 각도와 주먹의 속도만이 세상을 지배하는 줄 알았다.

내 몸이 만든 곡선과 직선이 곧 내 인생의 문장이라고 믿었다. 하지만 나이가 들면서 알게 되었다. 인생의 문장은 언제나 마침표를 찍는 사람보다, 쉼표를 찍는 사람이 더 길게 쓴다는 것을.

싸움에서 이기는 것보다, 멈출 수 있는 사람이 오래 살아남는다는 것을.

어느 날의 스파링. 제자가 상대를 목조르기로 거의 무너뜨렸을 때, 나는 "멈춰"라고 말했다. 그러나 그는 멈추지 않았다.

그 순간 나는 그가 이긴 것이 아니라, 졌다는 걸 보았다. 상대에게 진 것이 아니라, 자기 안의 욕망에 진 것이다.

싸움은 결국 상대를 쓰러뜨리는 일이 아니라, 자기 안의 짐승을 길들이는 일이다.

싸움의 본질은 힘이 아니다. 힘은 언젠가 무너진다. 아무리 단단한 주먹이라도, 시간이 지나면 부서지고 둔해진다. 그러나 선택은 무너지지 않는다. 선택은 사람이 남기는 향기다.

그 향기는 싸움이 끝난 뒤에도 오래 남아, 나를 기억하게 한다.

나는 제자들에게 말한다.

"네 주먹이 아니라, 네 마음이 선택을 내려야 한다."

그 말은 기술보다 어렵다. 기술은 반복하면 발전한다. 그러나 마음은 반복한다고 자라지 않는다. 마음은 부드러워져야 하고, 단단해져야 한다.

부드러움과 단단함이 같은 심장 속에서 공존하는 순간, 그때 비로소 사람은 싸움을 넘어선다.

가끔 나는 싸움을 인생에 비유한다.

회사에서, 가정에서, 친구 사이에서, 우리는 매일 작은 싸움을 한다. 그 싸움에서 중요한 건 내가 얼마나 세게 말했느냐가 아니라, 언제 침묵했느냐다. 침묵은 패배가 아니라, 선택이다. 선택은 힘보다 오래간다.

싸움은 기술의 전쟁이 아니다. 싸움은 선택의 전쟁이다. 당신이 무엇을 지키고 싶은지, 무엇을 잃고 싶은지, 그 마음속 저울 위에서 모든 것이 결정된다. 그리고 그 저울이 기울어지는 순간, 주먹은 이미 움직이고 있다.

싸움의 끝과 시작

도장은 처음부터 작은 방 같았다.

유리창은 세월의 먼지를 품고 있었고, 매트의 가장자리는 닳아 있었다.

창문이 없는 지하실 도장, 여름이면 습기가 빠져나가지 않았고, 겨울이면 숨 쉴 때마다 입김이 매트 위에 하얗게 흩어졌다. 그러나 그 안에는 이상한 온기가 있었다.

그것은 히터에서 나온 열이 아니라, 서로를 바라보는 눈빛과 땀방울이 섞여 만든 온기였다.

공권유술이 태어나던 그 시절, 나는 '무술'이라는 말의 무게를 다르게 쓰고 싶었다.

세상에는 이미 빠른 주먹, 화려한 발차기가 넘쳐 났다. 하지만 나는 그 화려함이 싸움의 본질을 가린다고 생각했다.

공권유술이야말로 세상에서 가장 강력한 무술이어야만 했다.

맨주먹을 단련하여 맨주먹으로 상대를 쓰러뜨렸다.

최소한의 룰만으로 경기를 치렀고 팔이 부러지거나 코뼈가 부러지는 부상자가 속출했다.

UFC 같은 종합격투기가 한국에 상륙하기 전 사람들의 눈에 공권유술은 그야말로 폭력처럼 비추어졌다.

그러한 이유로 공권유술은 주먹이 먼저가 아니라, 마음이 먼저여야 했다. 마음이 준비되지 않은 주먹은 결국 자신을 해치거나, 불필요한 싸움을 부른다. 공권유술은 그 마음을 다루는 법부터 가르치는 길이었다.

입관을 하기 위한 제자들이 도장 문을 열고 들어왔을 때, 나는 그들의 발걸음을 봤다.

군인처럼 단단하게 내딛는 사람도 있었고, 조심스레 발끝만 내밀다 매트의 감촉을 확인하고 들어오는 사람도 있었다.

그 차이는 단순히 성격의 차이가 아니었다. 어떤 이는 누군가에게 지고 싶지 않아 왔고, 어떤 이는 두려움을 이기고 싶어 왔다. 또 다른 이는 그저 삶에 무언가 새로운 숨을 불어넣고 싶어 왔다.

훈련은 단순했다. 주먹을 뻗는 각도, 발의 축, 시선과 호흡. 그러나 그 단순함 속에서 제자들은 각자의 싸움을 했다.

겉으로는 샌드백을 치고 있었지만, 마음속에서는 오래된 상처와 맞서고 있었다. 한 제자는 매트를 밟을 때마다 어린 시절의 왕따 기억이 떠올랐고, 다른 제자는 부서진 가정에서 느낀 무력감을 꺾어야 했다.

공권유술은 '이기는 법'보다 '멈추는 법'을 더 많이 가르친다.

주먹을 멈추는 용기, 발차기를 낮추는 배려, 기술을 풀어 주는 결단.

그것이야말로 진짜 강함이었다.

주먹으로만 이기는 싸움은 짧다. 그러나 마음으로 이기는 싸움은 오래 남는다.

세월이 흐르면서, 제자들의 눈빛이 변했다.

처음에는 이기고 싶은 욕망으로 빛나던 눈들이, 어느 순간부터는 상대를 존중하는 빛을 품게 되었다.

그 변화는 어느 날 갑자기 오는 것이 아니라, 수천 번의 스파링과 실패 속에서 조금씩 배어드는 것이었다.

나는 그 과정을 지켜보는 것이 가장 큰 보람이었다.

공권유술의 역사는 한 사람의 머릿속에서 시작됐지만, 그 완성은 수많은 발자국과 땀방울이 만들었다.

매트 위에서 흘린 땀은 증발하지만, 그 순간의 감정과 배움은 몸과 마음에 남는다.

제자들의 이야기가 쌓여서, 기술은 단순한 동작이 아니라 살아 있는 철학이 되었다.

오늘도 매트 위에 서면, 나는 처음의 나를 떠올린다. 기술을 가르치지만, 사실은 삶을 가르치는 시간이라는 걸 안다.

공권유술은 주먹으로 시작했지만, 결국 마음으로 완성된다. 그리고 나는 제자들에게 매번 같은 질문을 던진다.

"네가 진짜 지키고 싶은 건 무엇이냐?"

그 답을 찾는 순간, 그들의 싸움은 끝이 아니라 새로운 시작이 된다.

말보다 솔직한 언어 싸움

그날의 공기는 싸움의 냄새로 눅눅했다.

기압이 낮아져 있는 듯, 숨을 들이마시는 순간부터 가슴이 무겁게 내려앉았다.

나는 그때 이미 싸움이 일어날 거라는 걸 알고 있었다.

싸움은 언제나 그렇게 온다.

발자국 소리보다 먼저, 말보다 먼저, 공기 속에서 먼저 피어난다. 그날도 마찬가지였다.

그는 나를 보고 웃었다. 웃음이라기보다 비웃음에 가까웠다.

그 웃음 속엔 오래된 오만이 섞여 있었고, 주먹을 부르는 냄새가 났다.

내가 무언가를 하기도 전에 그는 나의 얼굴에 주먹을 휘둘렀다. 계속해서 두 번째 펀치를 휘두르고 내가 코너에 몰렸을 때 그는 세 번째 펀치를 휘둘렀다.

그것은 단순한 도발이었을 수도 있다. 아니면 나를 반드시 쓰러뜨린다는 각오일 수도 있다. 하지만 내 몸이 먼저 반응했다.

나의 레프트 훅이 그의 턱에 명중하는 순간 휘청거렸고, 오른쪽 스트레이트가 코에 명중하는 순간 그는 큰 대자로 뻗었다. 검은색 아스팔트 위로 그의 후두부가 부서지는 소리가 났다.

사람들은 싸움이라고 하면 으레 나쁘다고 한다.

폭력은 절대 안 된다고 말한다. 하지만 싸움이란 건 늘 흑백으로 나눌 수 있는 게 아니다.

인생에는 말이 닿지 않는 순간이 있다.

말이 무력해지고, 설득이 공허해지고, 심지어 침묵마저 무의미한 순간이 있다. 그때 싸움은 말보다 더 솔직한 언어가 된다.

나는 그를 쓰러뜨린 뒤, 숨을 고르면서 생각했다. 내가 방금 한 일이 단순한 폭력이었을까? 아니면 정당한 방어였을까?

이런 질문 앞에서 오래 서성였을 것이다.

싸움은 종종 이유를 묻는 순간 더 복잡해진다. 하지만 그날 나는 이유를 알고 있었다.

그 싸움은 내 몸을 지키기 위한 것이었고, 내 곁에 있던 일행들을 지키기 위한 것이었다.

나의 친구가 그날 이유 없이 맞아야 할 사람이 아니었다.

싸움이 나쁜 것만은 아니다. 싸움은 때로 정의를 세운다.

거리의 한 골목에서 젊은 여성이 건장한 남자에게 맞고 있다면, 그 싸움을 말리는 건 당연한 것이다. 하지만 단순히 말리는 상황을 넘어서는 폭력이 계속된다면 그 여성 대신 주먹을 들어야 할 때도 있다.

그 순간 싸움은 단순한 폭력이 아니라, 누군가의 울타리가 된다. 공권유술을 훈련하는 것도 그 때문이다.

기술은 단순히 상대를 다치게 하는 법이 아니라, 언제 싸워야 하는지, 어떻게 멈춰야 하는지를 가르친다.

나는 지금도 제자들에게 이렇게 말한다.

"싸움은 칼과 같다. 칼을 휘두르는 법을 배우는 것도 중요하지만, 칼을 칼집에서 꺼낼 때와 넣을 때를 아는 게 더 중요하다."

칼을 쓰지 않는 게 가장 이상적이지만, 꺼낼 줄 모르면 지켜야 할 순간에 무기 없는 자가 된다.

그날의 싸움은 오래 내 안에 남았다.

친구는 나를 보고 고개를 숙였고, 그 고개 숙임 속에는 두 가지가 있었다. 고마움과 두려움. 나는 그 두려움이 기술 때문이 아니라, 싸움이라는 행위 자체에서 비롯된 것임을 안다. 그렇기에 싸움은 언제나 조심스러운 것이다.

싸움은 사람을 바꾼다. 그날 이후로 나는 더 신중해졌다. 싸움은 언제나 이유를 남기고, 그 이유가 불분명할수록 후회가 깊어진다. 하지만 그날의 싸움은 후회가 없었다. 왜냐하면 그것이 내 사람을 지키는 싸움이었기 때문이다.

싸움이란 건 결국 사랑하는 사람을 지키기 위한 또 다른 표현일 뿐이다.

사람들은 사랑한다고 말하면서도 지킬 방법을 모른다. 싸움은 그 방법 중 하나다. 나쁜 사랑이 있듯, 나쁜 싸움도 있지만, 좋은 싸움도 분명히 존재한다. 그 좋은 싸움은 반드시 이유를 품고 있다. 그리고 그 이유가 누군가를 다치게 하는 것이 아니라, 누군가를 살리는 데 있다면, 나는 그 싸움을 부끄러워하지 않는다.

그래서 나는 오늘도 제자들에게 말한다.

"싸움은 나쁜 게 아니다. 하지만 싸움은 가볍게 해서는 안 된다. 그 무게를 알면, 싸움이 달라진다."

2부

결정적 한 방이 남기는 것

Chapter 1

항복은
나의 기술적 설득에서
나온다

"Tesla Auto Pilot? My Neck Crank is Smarter!"

Both hands should stay close against the inside of your knees.

Squeeze until your knees touch together.

This is a technique that forces the neck beyond its limit to put pressure on the cervical spine.

목 위의 기계적 침묵

그림 속 장면은 격투의 절정이자 침묵의 순간을 포착하고 있다.

상대의 목은 이미 내 팔 사이에 고정되어 있다. 팔뚝은 강철 바처럼 단단하게 목덜미와 턱선을 가로막고, 내 가슴과 어깨는 그 사이의 빈틈을 봉쇄한다. 상대의 등은 매트 위에 붙들려 있고, 그의 팔은 허공에서 허우적대지만 방향은 이미 사라졌다.

넥크랭크(Neck Crank)는 단순히 목을 비트는 기술이 아니다. 이건 '축'을 꺾는 기술이다. 척추와 두개골을 잇는 경추라는 회로에 강제로 오류를 일으키는 것. 마치 자율주행 자동차의 센서를 거꾸로 꽂아 버리는 것처럼, 이 기술은 상대의 움직임을 강제 정지시킨다.

그 고통은 목에서만 오지 않는다. 척추, 어깨, 갈비뼈까지 이어지는 연결망 전체가 항복을 요구한다.

"목을 꺾는 것이 아니라, 의식을 꺾는 것이다"

넥크랭크의 본질은 파괴가 아니다. 그것은 설득이다.

기술의 완성은 상대가 '살아 있는 한, 더 버티는 것은 무의미하다'라는 결론에 도달하게 만드는 데 있다.

넥크랭크가 특별한 이유는 두 가지다.

1. 인간의 본능을 건드린다

목은 생존의 마지막 경계다. 목이 꺾일 위기라는 감각은, 뼈가 부러지기 전에 공포를 불러온다.

2. 통증이 아닌 방향의 상실

팔이나 다리는 아파도 방향을 바꿔 피할 수 있다. 하지만 목이 꺾일 땐 방향 자체가 사라진다.

이 기술이 우리에게 가르치는 철학은 단순하다.

"싸움은 힘의 대결이 아니라, 관점의 전환이다."

상대의 시야를 뒤집어 버리고, 그의 인식 자체를 비틀어야 한다. 그러면 힘은 저절로 빠져나간다.

기술 해체 — Neck Crank의 구조 분석

넥크랭크는 겉으로 보면 단순한 목 비틀기지만, 실제로는 세 개의 축을 동시에 조작하는 정밀한 기술이다.

1. 축 고정(Base Lock)

· 양팔로 상대의 턱과 뒤통수를 고정한다
· 어깨와 가슴을 이용해 고개가 돌아갈 수 있는 회전 반경을 봉쇄한다
· 하체는 상대의 골반과 척추를 매트에 붙이는 역할을 한다

2. 각도 생성(Angle Creation)

· 팔 힘만으로 목을 비트는 것이 아니라, 상체 전체를 비틀며 각도를 만든다
· 척추 윗부분이 좌우로 회전할 수 있는 최대 범위를 넘기면, 통증은 기하급수적으로 증가한다

3. 압박 지속(Pressure Sustaining)

· 빠르게 꺾으면 부상은 쉽게 나오지만, 진짜 무서운 것은 '천천히 오는 압박'이다
· 이 압박은 상대의 호흡을 끊고, 공포를 배가시키며, 결국 스스로 탭

을 치게 만든다

넥크랭크를 건다는 건

가끔 넥크랭크는 우리내 인생과 비슷하다는 생각을 한 적이 있다.

사람 사는 인생에서도 넥크랭크를 당하는 순간이 있다.

무언가가 내 목을 살짝 비틀고, 시야를 조금 바꾸고, 호흡을 불편하게 만든다.

그게 주변 사람이든 상황이든 말이다.

그 순간, 내 의지와 상관없이 방향이 달라진다.

넥크랭크는 참 이상한 기술이다.

목을 부러뜨리지는 않는다.

그저 고개를 옆으로, 뒤로, 조금만 틀어 놓을 뿐이다.

그런데도 인간은 그 압박을 오래 버티지 못한다.

심장이 뛰고, 숨이 가빠지고, 눈앞이 희미해진다.

마침내 '탭'이라는 하얀 깃발을 든다.

하지만 나이를 먹을수록, 넥크랭크는 기술이 아니라 은유처럼 느껴진다.

삶에도 그런 힘이 있다.

사랑이, 실패가, 병이, 혹은 우연한 한마디가 내 목을 비튼다.

마치 넥크랭크에 걸린 사람처럼 말이다.

그 압박이 오래가면, 나는 결국 고개를 돌려 다른 풍경을 본다.

웃기는 건, 많은 사람들이 넥크랭크를 끝까지 버티기만 하면 이긴다고 믿는다는 거다.

하지만 진짜 인생의 고수는 안다.

고개를 돌리는 건 패배가 아니라, 생존이라는 걸.

세상에는 곧게만 살아도 멋진 길이 있지만, 살짝 꺾였을 때만 보이는 풍경도 있다.

예전에 보디빌딩 선수 출신의 제자가 있었다.

목이 굵어서 웬만한 초크나 넥크랭크가 잘 안 먹혔다.

그는 자신은 목이 절대 꺾이지 않는 사람이라고 자랑했다.

그 말을 들은 나는, 슬쩍 미소 지었다.

"넥크랭크는 목을 꺾는 게 아니라, 생각을 꺾는 기술이야."

며칠 뒤, 스파링에서 그는 나의 스파링 상대가 되었다.

처음부터 의도한 것은 아니지만 자연스러운 포지션에서 그에게 넥크랭크를 걸었다.

아주 천천히, 부담스럽지 않게, 그러나 피할 수 없게.

그는 잠시 버티더니, 어느 순간 '어…?' 하고 한숨처럼 탭을 쳤다.

그 표정에는 무엇인가 배웠다는 느낌보다 졌다는 패배감이 강해 보였다.

나는 그날 이후, 넥크랭크를 단순한 격투기 기술이 아니라 인생 수업이라 생각하게 됐다.

누군가는 '이 기술은 목을 부러뜨린다'라고 말하지만, 나는 이렇게 말하고 싶다.

"넥크랭크는 고개를 돌려야 산다는 걸 가르친다."

물론, 모든 압박이 좋은 건 아니다.

억지로 꺾여서 영영 다시 펴지지 않는 목도 있다.

그래서 진짜 고수는 상대가 탭을 치기 전에 기술을 풀어 준다.

마치 실수한 누군가의 끝까지 몰아붙이지 않는 것처럼. 빠져나갈 구멍은 남겨 놓고 몰아붙이는 정도의 인정머리.

나는 요즘, 누군가 나를 넥크랭크 걸듯 쥐어짜면, 먼저 고개를 살짝 돌려본다.

그 작은 회전 속에서, 새로운 길이 보일 때가 있다.

그리고 그 길에서, 나는 조금 더 오래 숨을 쉰다.

넥크랭크를 건다는 건, 결국 이렇게 말하는 거다.

"세상을 직선으로만 보지 말고, 가끔 비스듬히 봐라. 그게 인생을 둥글둥글 사는 방법이니까…."

넥크랭크의 역사와 진화

넥크랭크, 목을 비트는 소리 없는 파문.

넥크랭크라는 이름은, 비 오는 날 허름한 여관 복도에서 들려오는 낡은 문고리 소리와 닮았다. 기름칠을 잊은 채 삐걱거리는 그 소리에는, 닫히는 문과 함께 돌아오지 않는 길의 냄새가 묻어 있다. 누군가는 그 냄새를 죽음이라 부르고, 누군가는 안식이라 부른다.

1. 고대의 목소리

넥크랭크의 시작은 기록보다 오래됐다. 전쟁터에서 칼을 잃은 병사, 방패가 부서진 투사, 빈손이 된 자객… 그들의 손은 본능처럼 목을 찾았다. 방패 틈새, 헬멧끈 밑, 갑옷과 피부의 경계선. 이유는 단순했다. 목이 꺾이면, 몸 전체가 꺾이기 때문이다. 이름도, 규칙도 없었다. 다만, 손목과 팔꿈치가 기억한 '살아남는 방법'만이 있었다.

2. 무림의 그림자 속에서

중국 무림에서는 이를 '쇄경(鎖頸)'이라 불렀다. 목을 잠근다는 뜻이었다. 일본 유술에서는 허리와 어깨의 미묘한 회전 속에 이 기술을 숨겨 두었다. 어느 날은 골목 모퉁이에서, 어느 날은 산속의 비밀 결투장에서, 목뼈는 소리 없이 비틀렸다. 화려함도, 관객도, 규칙도 없었다. 단지 경계선을 넘는 자와 그렇지 않은 자를 가르는 얇은 칼날뿐이었다.

3. 스포츠의 불편한 자리

20세기, 무술이 전쟁터에서 링과 매트 위로 옮겨지자 넥크랭크는 낯선 취급을 받았다. '위험하다'는 이유로 많은 대회에서 금지되었다. 그러나 금지는 곧 은신처가 되었다. 레슬러들은 규칙의 틈새를 찾아내 변형을 가했고, '페이스락'과 '캐치 레슬링 넥크랭크' 같은 이름으로 목은 여전히 조용히 꺾였다. 눈앞에서 주먹과 발차기가 번쩍이는 동안, 그

이면에서는 조용한 폭풍이 일어나고 있었다.

4. 실전에서의 부활

거리의 싸움, 특수부대의 제압술, 경찰의 근접 체포. 여기서 넥크랭크는 다시 날것의 얼굴을 드러냈다. 주먹과 발차기가 허공을 찢을 때, 누군가는 목을 움켜쥐고 있었다. 넥크랭크는 속도가 아니라 결심의 기술이었다. 한번 잡으면 놓지 않는 손목, 물러서지 않는 팔꿈치, 그리고 '돌이킬 수 없음'이라는 의지.

5. 공권유술의 넥크랭크 ― '목 뒤의 문을 닫다'

공권유술에서의 넥크랭크는 힘으로 목을 꺾는 기술이 아니다. 그것은 목뒤에 있는 문을 닫는 기술이다. 상대의 경추를 단순히 압박하는 것이 아니라, 척추와 마음 사이에 얇고 단단한 쐐기를 박는다. 팔꿈치의 높이, 어깨의 각도, 허리의 회전이 눈에 보이지 않는 비밀스러운 선으로 연결되고, 그 선 위로 체중이 내려앉는다. 그 순간 상대는 '움직임'이 아니라 '미래'를 잃는다. 몸은 아직 살아 있으나, 싸움의 길은 완전히 봉쇄된다.

6. 철학으로서의 넥크랭크

넥크랭크는 고통을 주기 전에 선택지를 없앤다. 당하는 사람은 아픔보다 먼저 '아무 데도 갈 수 없다'는 절망을 느낀다. 그리고 그 절망이 목보다 먼저 꺾인다.

목은 부러져도 붙을 수 있지만, 꺾인 마음은 쉽게 다시 세워지지 않는다.

넥크랭크의 철학 ― 언제 멈추는가?

넥크랭크를 처음 배운 사람은, 보통 기술의 물리적 원리에 집중한다.

어떻게 머리를 잡아야 하고, 어느 시점에 다리를 조여야 하며, 중심은 어디에 두어야 하는지를 고민한다.

그러나 이 기술의 본질은, 상대가 '스스로 멈추게' 만드는 것이다.

몸은 움직일 수 있지만, 마음이 먼저 정지하는 것.

"나는 지금… 가장 이상적인 각도를 만들어내고 있는가?"

이것이 넥크랭크가 만들어 내는 순간이다.

싸움을 그만두는 선택은, 강요가 아닌 납득이다.

한 수련생이 이런 말을 한 적 있다.

"관장님, 기술이 참… 깨끗해요."

우스갯소리로 한 말인지 기술에 대한 이해력이 뛰어나서 하는 말인지 알지는 못했지만 나는 그 말이 무엇을 뜻하는지 짐작할 수 있었다.

결국 그것은 기술이 상대를 고통으로 몰아넣는 것이 아니라, 탭을 선택하게 만든다는 의미였다.

전술적 응용 ─ 공격보다 빠른 판단

넥크랭크는 '공격 기술'이라기보다 '방어 속에서 드러나는 반격'이다.

기억해야 할 것은, 넥크랭크는 빠른 기술이 아니라 정확한 기술이라는 점이다.

정확한 타이밍, 정확한 손 위치, 정확한 균형이 만들어 낸다.

실패 사례 분석 ─ 넥크랭크의 오용

성급한 넥크랭크는 부상을 낳는다.

한 수련생이 지나치게 힘으로 상대의 목을 조이려다, 본인의 중심을 잃고 테이크다운을 당한 적이 있었다.

그는 기술의 결과만 흉내 내려 했고, 과정의 설계는 없었다.

실패한 넥크랭크의 공통점은 다음과 같다.

· 중심을 발바닥에 두지 않고 허리에 뒀을 경우 → 쉽게 넘어짐
· 손이 무릎 안쪽이 아닌 허벅지 바깥에 위치할 경우 → 조임이 약해짐
· 상대 목의 각도가 어중간할 경우 → 상대가 쉽게 빠져나감
· 감정적으로 조이는 경우 → 균형 무너지고 반격당함

기술은 감정의 표현이 아니다.

기술은 설계의 총합이다.

기술은 물리(物理)보다 감정이다

넥크랭크를 진짜로 익히는 순간은, 기술이 몸에 붙는 순간이 아니다.

상대를 '멈추게 만들 수 있다'는 확신이 생긴 순간이다.

모든 기술은 신체에서 시작되지만, 감정에서 완성된다.

몸이 움직이지 않는다고 생각하는 사람도, 감정이 움직이면 그 사람은 싸운다.

넥크랭크는 이런 질문을 던진다.

· 나는 누군가를 통제할 수 있을 만큼의 신뢰를 가지고 있는가?
· 내 중심은 상대가 아닌, 나에게 있는가?
· 내가 지금 기술을 쓰는 이유는 무엇인가?

이 질문에 답할 수 있을 때, 넥크랭크는 하나의 움직임이 아니라, 하나의 철학이 된다.

넥크랭크, 감각을 깨우는 기술

넥크랭크는 이름만 들어도 근육이 움찔할 만큼, 단순하지만 잔혹한 기술이다. 목을 비트는 이 관절기는 단순한 서브미션이 아니라, 상대에게 인간의 약점이 어디에 있는지를 처절하게 가르쳐 주는 교육 도구다.

정교한 손의 위치, 중심 이동, 그리고 무엇보다 '감각'. 이 세 가지가 넥크랭크의 핵심이다.

나는 제자들에게, 그리고 도장의 많은 초보 수련생에게 이 기술을 단지 목을 꺾는 기술로 가르치지 않는다. 오히려 '어디까지 느끼게 할 것인가', '어디서 멈출 것인가', '언제 풀어 줘야 하는가'를 배우는 도구로 사용한다.

1. 포지션에서 기술까지 — 넥크랭크의 진입 구조

넥크랭크는 여러 포지션에서 진입할 수 있다. 사이드 마운트, 하프가드, 백 컨트롤… 하지만 내가 가장 선호하는 진입은 바로 '곁누르기(Side Control)'에서다.

"힘으로는 사람을 움직일 수 없다. 하지만 각도로는 감각을 자극할 수 있다."

이건 내가 만든 말이 아니라, 기술이 만든 문장이다.

2. 이 기술을 통해 내가 가르치는 것

넥크랭크는 단지 상대를 항복시키는 기술이 아니다. 나는 이 기술을 '두려움의 재구성'이라 부른다. 왜냐면, 사람은 예측할 수 없는 순간에 가장 크게 멈춘다. 마치 재영이가 그랬듯이.

나는 수련생에게 이렇게 말한다.

"상대가 예상대로 움직이지 않을 때, 너의 움직임도 멈춘다면 너는 이미 진 거야. 기술은 상대의 움직임이 아니라, 너의 감각을 기준으로 나와야 해."

넥크랭크를 가르칠 때 가장 먼저 가르치는 것은 '멈추지 않는 법'이다. 기술의 형태보다 먼저, 상대가 움직이지 않을 때에도 '내가 먼저 반응하는 감각'을 깨우게 하는 것이다.

그리고 그다음은 멈추는 법이다. 넥크랭크는 생각보다 위험하다. 목을 꺾는 각도는 경추와 신경계를 직접 자극하기에, 한계점이 모호하다. 그래서 정확한 타이밍에 '멈추는 용기'를 가르쳐야 한다. 이건 기술이 아니라 인격의 문제다.

3. 내 방식의 교육 — 감각을 가르치는 일

내가 가르치는 넥크랭크 수업은 항상 세 단계로 구성된다.

1단계: 침묵

기술 설명 없이 단지 시범만 보여 준다. 상대의 고통, 움직임, 표정을 관찰하게 한다. 머리로 배우기 전에 눈으로 '느끼게' 만든다.

2단계: 재현

수련생이 시범을 따라 할 때 나는 질문을 던진다. "지금 어디에 무게가 실렸니?" "지금 상대는 뭐가 가장 불편할까?" 이 질문은 기술을 '외우는' 것이 아니라 '이해하게' 만든다.

3단계: 감각 테스트

수련생이 기술을 걸 때, 내가 일부러 반응하지 않는다. 이때 그들은 혼란스러워한다. "왜 안 아파하죠?"

언제나 나의 대답은 한결같다.

"네가 느껴야 돼. 상대의 감각 말고, 너의 감각부터 믿어야 해."

이 과정을 반복하며, 수련생은 단지 기술을 배우는 것이 아니라 몸과 감각의 교감, 그리고 책임 있는 힘의 사용법을 배운다.

훈련 루틴

1. 포지션 고정 훈련(10분)

턱과 뒤통수를 봉쇄하는 팔·어깨 위치 고정

2. 각도 조절 훈련(10분)

팔이 아니라 상체 회전으로 각도 만들기

3. 압박 지속 훈련(5분)

빠른 꺾기가 아니라 느린 압박으로 탭 유도

4. 탭 리딩 훈련(5분)

파트너의 호흡·시선 변화를 읽는 감각 익히기

요약 문구

"목을 꺾는 건 기술이고, 탭을 끌어내는 건 설득이다."

"넥크랭크는 뼈를 부수지 않는다. 시야를 부순다."

Chapter 2

하이킥은
높이의 싸움이 아니라,
타이밍의 예술이다

"When Your Leg Goes Higher Than Your IQ"

Position your right arm backward for balance.

Kick deep using the inside of your foot.

Raise your heel and rotate your ankle to add power and reach.

멈춘 순간, 흐르는 기술

이 그림은 정지 화면이다. 그러나 단순한 멈춤이 아니다.

하이킥이 공중에서 멈춘 그 순간, 오히려 시간은 흐르기 시작한다.

공격자의 몸은 반달처럼 휘어 있다. 지면에 닿은 뒷발은 회전의 마지막 접점을 지탱하고 있고, 앞다리는 허공을 가르며 솟구쳐 있다. 상체는 뒤로 젖혀 있지만, 팔은 균형을 잡으며 정면을 가리킨다. 이 그림은 파괴의 직전이자 정교한 계산의 정점이다.

많은 이들이 이 장면을 '빠르게 찬 하이킥'이라고 생각한다.

하지만 진짜 중요한 건 속도가 아니다.

이 장면은 '선택'의 순간을 담고 있다.

이 킥이 타격으로 이어질지, 아니면 허공을 가르며 다음 기술로 이어질지는, 이미 그 전에 결정되었다. 하이킥은 차는 순간보다 준비되는 순간이 더 중요하다. 정확한 위치, 중심의 분배, 시선의 유도, 리듬의 교란 — 이 모든 것들이 모여야 하이킥이 된다.

싸움은 빠른 기술이 아니라, 빠른 선택으로 결정된다.

이 킥은 수백 번의 실패와 수천 번의 반복, 그리고 단 하나의 '지금'이 만든 결과물이다.

"하이킥은 위를 향하지만, 진짜 목표는 아래에 있다"

많은 수련생들이 하이킥을 배우며 처음 갖는 착각이 있다.

"높게 찰수록 강하다."

하지만 실제 싸움에서는 가장 높은 킥보다, 가장 예상치 못한 킥이 강하다.

하이킥은 시선을 위로 끌어올리는 미끼다.

상대의 시야가 위를 바라보는 순간, 하단이 비고, 중심이 흔들리며 리듬이 무너진다.

하이킥의 진정한 역할은 발끝의 파괴가 아니라, 주의의 분산이다.

"다리는 무기지만, 눈은 함정이다."

제자들에게 스파링을 가르치면서 자주 하는 말이다.

상대가 보게 만들고, 보게 한 것을 믿게 만들고, 믿은 것에 반응하게 만들고, 그 반응을 예측해서 찬다. 이건 단순한 신체 기술이 아니라 인식의 설계다.

하이킥은 머리로 차는 기술이다.

머리로 생각하고, 머리로 속이고, 머리로 파악해야 올라갈 수 있다.

단순히 KO의 목적으로 하이킥을 찬다면, 그건 기술이 아니라 도박이다.

기술 해체 ― 하이킥의 본질은 '비틀림'이다

하이킥을 잘 찬다는 건 단순히 유연하다는 뜻이 아니다.

진짜 하이킥은 회전력, 중심 이동, 상하 반응의 합작이다.

즉, 다리 하나로 차는 것이 아니라, 온몸 전체로 밀어 올리는 것이다.

기본 메커니즘은 다음과 같다.

1. 스텝 인(Step-In)

거리 조절은 리듬으로 이뤄진다. 뒷발로 밀어내지 말고, 전진하면서 슬쩍 파고든다. 상대는 당신이 '가는지, 말지'를 인식하지 못할 때 당한다.

2. 골반 회전(Hip Rotation)

무릎을 들어 올리기보다, 엉덩이를 회전시켜야 한다. 골반은 축이다. 이 축이 회전하면 다리는 자연스럽게 뜬다. 힘은 주지 않는다. 방향만 허락한다.

3. 힐 업(Heel Up)

뒷발 뒤꿈치를 들어 회전의 토크(torque)를 만든다. 스냅보다 회전의 연속성이 중요하다.

4. 킥 포인트(Kick Point)

보통은 관자놀이, 턱, 측면 목 부위. 하지만 이건 상황에 따라 달라진다. 페인트가 성공했다면, 심장 부위로 낮게도 찰 수 있다.

5. 상체 밸런스(Upper Body Balance)

상체를 뒤로 젖힌다. 무게 중심을 뒤로 보내면서 다리의 회전력을 살린다. 반대 손은 항상 전방을 향해야 한다. 그래야 중심이 쏠리지 않는다.

6. 타이밍(Timing)

모든 것의 핵심. 타이밍은 가르칠 수 없다. 그러나 훈련으로 내면화할 수 있다. 타이밍은 상대의 '습관'을 보는 것이다. 패턴을 읽고, 그 '중간'을 찔러라.

"눈보다 빠른 킥"

사람이 눈으로 본다고 해서, 다 아는 건 아니다.
그건 스물다섯 해쯤 살아 보면 자연스럽게 깨닫는 법인데, 그날 태호는 아주 정통으로 깨졌다.
사건은 이렇다.
태호는 요즘 말로 따지면 약간 공부벌레 타입인데, 운동은 또 웬만한 체육대생보다 열심히 한다.

연세대 재학 중인 25살의 성실한 청년이고, 말도 예의 바르게 잘한다.

문제는, 기술을 배우는 과정에서 자꾸 '이해'보다 '암기'를 먼저 하려 든다는 데 있었다.

킥도 외우고, 리듬도 외우고, 심지어 스텝까지 외운다.

근데, 문제는 싸움이라는 게 교과서처럼 순서대로 흘러가지 않는다는 데 있다.

그날은 7월. 도장 창문 사이로 매미 한 마리가 기를 쓰고 들어오려고 몸부림치던 날이었다.

아직 수업은 시작 전이었고, 나는 매트 한 귀퉁이에 앉아서 관원들 몸 푸는 걸 보고 있었다.

동화는 샌드백을 툭툭 치고 있었고, 태호는 스트레칭을 하다 말고 동화에게 스파링을 신청했다.

좋다, 이 조합.

한 명은 계산하고, 한 명은 감으로 싸우는 스타일.

이럴 땐 재미있는 일이 벌어진다.

처음엔 예상대로 흘렀다.

동화가 툭, 로우킥.

다시 툭, 또 로우킥.

세 번째 툭, 여전히 로우킥.

태호는 방어가 나쁘지 않았다.

앞다리를 들어 올려 딱딱 막는다.

그다음이 문제였다.

동화가 네 번째 킥을 준비하면서 몸을 약간 숙였다.

그리고 태호의 시선은 자연스럽게 동화의 오른발로 향했다.

지금쯤 태호의 뇌는 로우킥이라는 단어를 거의 확정 지었을 거다.

왼발을 들어 방어 자세를 취했다.

딱 거기까지는 좋았다.

근데 동화가 킥을 반 박자 느리게 틀더니, 갑자기 하이킥을 얼굴로 향했다.

똑같은 킥모션인데, 방향만 위로 꺾어 버린 거다.

'툭' 하는 소리와 함께, 태호는 마치 전원 스위치를 끈 사람처럼 중심을 잃고 쓰러졌다.

충격은 심하지 않았다.

그냥 살짝 맞은 수준이었다.

하지만 그 한 방이 그의 뇌 전체를 먹통으로 만든 것 같았다.

마치 '플레이' 버튼은 눌렀는데 영상은 안 나오는 느낌.

정확히 말하면, 그 순간 그의 뇌는 '이해'를 못했다.

태호가 고개를 갸우뚱거리며 일어났다.

"관장님… 눈으로는 봤는데, 몸이 반응을 못했어요."

딱 그 말.

이해란 뭘까?

그건 단순히 지식이 아니고, 암기는 더더욱 아니다.

내가 자주 하는 말이 있다.

"빠르게 차는 게 중요한 게 아니다. 보이기 전에, 마음이 먼저 나가는 게 중요하다."

하이킥이라는 기술은 단순히 다리를 높이 드는 동작이 아니다.

그건 패턴을 깨뜨리는 기술이다.

사람은 익숙한 템포에 안심하고, 안심하는 순간 몸은 예측대로 반응하고, 그 순간 리듬을 틀어 버리면 그대로 걸린다.

태호는 디펜스 타이밍도 좋았고, 방어 자세도 무난했지만 그의 몸은 익숙한 템포 속에서 자연스럽게 반응한 것이다.

이러한 박자에 변화가 주어지면 템포가 무너지고 상대의 하이킥에 걸리게 된다.

태호는 훈련은 잘했지만 이해는 부족했다.

그는 동화의 킥을 '패턴'으로 받아들였고, 네 번째에서 불협화음이 생기자 뇌가 오류를 일으켰다.

그 오류가 '몸이 반응하지 못하는 현상'으로 나타난 것이다.

동화는 그런 걸 계산해서 킥을 찬 게 아니다.

그 애는 그냥 감으로 리듬을 뒤틀었을 뿐이다.

하지만 그 감각이야말로 공권유술의 핵심이다.

'예상하지 못하게, 그러나 흐름을 벗어나지 않게'

그게 우리가 추구하는 킥이다.

"빠르게 차는 것이 중요한 것이 아니다. 보이기 전에, 마음이 먼저 나가는 것이 중요하다."

내가 제자들에게 킥을 가르치면 늘 하는 말이었다.

기술은 단순한 반복으로 완성되지 않는다.

패턴은 당신을 보호하지만, 동시에 당신을 무너뜨리기도 한다.

리듬에 안주하면, 변화에 대응하지 못한다.

진짜 하이킥은 그 틈을 겨눈다.

리듬이 끊긴 순간, 인지의 공백 속을 가로지른다.

하이킥은 눈보다 빠른 기술이어야 한다.

그건 근육이 아니라 인지의 속도에 대한 싸움이다.

그리고 그 속도는 훈련이 아니라, '이해'로 얻어진다.

마인드셋 – 하이킥은 발이 아니라 믿음에서 올라간다

하이킥을 못 차는 수련생들에게 나는 이렇게 말한다.

"너의 문제는 유연성이 아니라, 의심이야."

자신의 몸을 의심하는 사람은 기술을 만들 수 없다.

다리는 의지로 올라가고, 믿음으로 멈춘다.

'나는 못한다'는 생각이 무릎을 꺾고, '나는 찰 수 있다'는 신념이 골반을 돌린다.

이 믿음은 하루아침에 생기지 않는다.

하지만 반복은 믿음으로, 믿음은 결과로, 결과는 철학으로 바뀐다.

전술적 하이킥의 실전 응용

상황	대응 하이킥
상대가 전진 스텝 시	리듬 끊는 스텝 인 하이킥
상대가 미들킥 후 빈틈	반박자 빠른 하이킥
레프트 훅 페인트 후	시선 유도 → 상단 공격
상대가 손을 낮출 때	페인트 후 머리 위 킥
하이킥 후 연결 동작	막을 경우 → 백스텝 / 막지 않을 경우 → 테이크다운

하이킥은 한 번의 결과가 아니라, 연결의 시작이다.

하이킥이 성공하든 실패하든, 항상 다음을 준비해야 한다.

'다음'이 없다면 하이킥은 기술이 아니라 도박이 된다.

훈련 루틴

하루 30번, 진짜 올라가는 연습

· 거울 앞 무릎 들기 루틴(3분)

· 발차기 없이 골반 회전만 연습(양발)

· 시선-페인트-하이킥 루틴 혼자 반복

· 잽에 반응하는 하이킥 타이밍 자동화(미트 추천)

· 좌우 균형 훈련(상체-팔-시선 함께 조정)

훈련 메모

· 오늘 내 하이킥은 어떤 느낌이었는가?
· 나는 하이킥 후 연결을 어떻게 준비하고 있는가?
· 상대가 어떤 동작을 할 때, 내 킥은 가장 자연스러운가?
· 나는 내 하이킥을 믿는가? 아니면 여전히 망설이는가?

요약 문구

"하이킥은 높이의 싸움이 아니라, 타이밍의 예술이다."

하이킥의 역사와 진화

하이킥이라는 이름은 마치 서커스 천막 위를 날아다니는 광대의 심장박동처럼 화려하고, 위험하고, 조금은 쓸쓸하다. 그러나 그 뿌리를 거슬러 올라가면, 이 발차기는 관중들을 위한 발차기가 아니라 목숨을 사수하기 위해 태어났다.

1. 피비린내 나는 탄생

옛 전쟁터의 하이킥은 근육 자랑이나 유연성 테스트가 아니었다. 그건 적의 목덜미를 향한 짧은 인사였고, 투구 틈새로 파고드는 마지막 작별 인사였다. 장식은 없었다. 오직 숨을 멈추게 하겠다는, 그 냉정한 목적만이 있었다. 발끝은 창날처럼 예리했고, 허공은 한 치도 허비되지 않았다. 하이킥은 춤이 아니라 절명(絶命)이었다.

2. 무술의 원형 — 한 번의 찬스

고대 그리스 판크라티온 경기장에서, 중국 무림의 객잔 앞에서, 하이킥은 거의 신중하게 감춰진 칼이었다. 방어구가 발달한 시대에 허리 위로 다리를 올린다는 건 목숨을 저당 잡히는 짓이었다. 그래서 하이킥은 '마지막 카드'였다. 관중이 보지 못한 각도에서, 찰나의 빈틈을 꿰뚫는 그 한 발. 성공과 실패를 가르는 건 힘이 아니라, 타이밍이었다.

3. 링 위의 변신

19세기 초, 전쟁의 흙바람을 털고 무술이 링과 도장으로 들어오자, 하이킥은 새로운 옷을 입었다. 태권도, 가라테, 킥복싱은 그 발차기를 점수와 환호를 부르는 꽃으로 만들었다. 발끝의 스냅, 골반의 회전, 상체의 기울기 — 모든 것이 정교하게 기록되었다. 사람들은 이제 하이킥에서 피 대신 박수를 보았다. 그것은 위험한 칼이 아니라 무대 위의 춤이었다.

4. 화려함의 역습과 공권킥의 귀환

하지만 세상은 무대보다 훨씬 어둡다. 골목의 공기는 링보다 억세고, 실전의 거리는 관객석이 없다. 그곳에서 높고 넓게 휘두르는 하이킥은 자주 화려함의 무덤이 된다.

그래서 태어난 것이 '공권킥'이다. 높이는 절제하고, 궤적은 날카롭게 잘라 내고, 힘은 절반만 쓰되 속도와 정확성은 배로 늘린 발차기. 머리를 스치듯 찍고, 몸의 중심은 끝까지 붙잡아 두는 생존형 하이킥. 화려함 대신 살아남음, 그 본질로 돌아간 발차기다.

5. 오늘의 하이킥

UFC나 K-1에서 하이킥은 여전히 관중의 심장을 한 박자 늦게 뛰게 만든다. 그러나 그 한 방이 명중하는 건 '언제, 어떻게, 왜'라는 질문에 이미 답을 준비한 자뿐이다.

이제 하이킥은 단순히 다리가 높이 오르는 기술이 아니다. 그것은 심리전의 칼끝이자, 타이밍의 문장부호이며, 무게중심이라는 비밀 서랍의 열쇠다.

실전에서의 하이킥 ― 써야 할 때, 참아야 할 때

많은 수련생들이 이런 질문을 한다.

"실전 싸움에서는 하이킥을 쓰면 안 된다고 들었는데요?"

맞는 말이다. 그러나 완전히 옳진 않다.

하이킥은 실전에서 리스크가 크다. 그건 부정할 수 없다.

하지만, 정확한 타이밍, 유도, 상황 조성, 그리고 연결 기술이 준비되었다면 하이킥은 의외로 '가장 빠르게 싸움을 끝낼 수 있는 기술'이 된다.

한번은 학교에서 초등학교 3학년 제자가 6학년 형들에게 위협을 당했던 적이 있었다.

그 녀석은 공권유술을 6개월 정도 배운 상태였고, 상대는 몸집이 컸고 여러 명이었다.

그중에 제일 큰 녀석이 가방을 빼앗으려고 잡아당기는 순간, 당황하지 않고, 먼저 "하지 마세요!"라고 말한 후, 상대의 어깨와 시선을 아래로 끌어당긴 후, 왼발 하이킥을 올렸다.

정확히 상대의 턱을 스치며 관통한 그 킥은, 몸집 큰 6학년 형을 비틀거리게 만들었다.

그는 뒤로 몇 걸음 물러서다가 스스로 넘어졌다.

그 상황을 목격한 다른 사람들은 그 장면을 보고 두 번 놀랐다.

첫째는 소년이 하이킥을 했다는 것에 놀랐고, 둘째는 그 킥이 '의미 있는 킥'이었다는 점에 놀랐다.

하이킥 한 방으로 싸움을 바로 끝낼 수 있었기 때문이다.

실전에서 하이킥은 무기가 아니다. 강력한 메시지다.

"나는 준비되어 있고, 건드리면 다치는 거야!"

그 하나의 메시지가 상황을 끝내고, 싸움을 예방하고, 나 자신을 지킨다.

그러므로 실전에서 하이킥을 쓸 수 있는 사람은, 실전에서 하이킥을 쓸 줄 알면서도, 쓰지 않아도 되는 상황을 만들 수 있는 사람이다.

실패한 하이킥들 ― 그것이 나를 만든다

많은 사람들이 하이킥은 성공해야 의미가 있다고 생각한다.

하지만 나는, 실패한 하이킥이야말로 무도가를 만드는 진짜 재료라고 믿는다.

몇 년 전 세무서에서 근무하는 서주연 회원은 공권유술 원매치 대회 여자 준결승전에서 하이킥을 시도하다가 미끄러져 KO를 당했다.

그는 충격이 컸다.

한동안 도장에도 나오지 않았고, "이젠 발차기 안 하겠다"고 말했다.

나는 그녀에게 다음과 같은 조언을 했다.

"실패한 건 킥이 아니라, 준비야. 그리고 준비는 기술보다 오래 걸려."

내가 한 말의 의미를 알아들었는지 아니면 시합에서 패배한 것이 억울해서인지는 모르겠지만, 며칠 후 그녀는 다시 도장으로 돌아와, 미트 훈련보다 기본기 훈련에 더욱 열중했다.

하루에 50번씩 양발 하이킥 루틴을 돌렸고, 무릎 올리기와 시선 훈련을 매일 반복했다.

다음 시즌, 그녀는 같은 시합에서 다시 결승에 올라섰고, 이번에는 하이킥으로 KO승을 거두며 승승장구했다.

실패는 그녀를 망가뜨리지 않았다.

그녀를 다시 태어나게 한 건, 그 실패가 준 통찰이었다.

하이킥은 맞추는 기술이 아니다.

배우는 기술이다.

그녀는 현재 공권유술 호신왕전의 챔피언이고 공권유술협회 수련관의 수석사범이다.

무술사에서 발차기의 역사는 오래되었다.

고대 중국의 무술 문헌에는 발차기 동작이 나무 그림처럼 기록되어 있고, 태권도는 일본 가라테와 무관하게 발차기를 중심으로 발전해 온 무술로 자부심을 가져왔다.

그러나 '하이킥'이라는 개념은 상대적으로 현대적인 구성이다.

중세 유럽의 기사들이나 고대 무기술에서는 상단 타격을 하려면 보통 무기를 사용했지, 다리를 올려 머리를 노리는 건 전장에서의 전투방식이 아니었다.

실제로, 하이킥은 '무술'이라기보다는 '무용'의 성질과 더 가깝다.

이 말은 단순한 비하가 아니라, 오히려 하이킥의 예술성과 정교함을 강조하는 것이다.

살상무기처럼 단순한 효율로만 보면 하이킥은 많은 리스크를 동반한다.

중심이 흔들리고, 반격에 취약하며, 거리가 멀어야 효과적이다.

그런데도 하이킥은 왜 살아남았는가?

왜 지금 이 순간에도 전 세계의 무도인들은 하이킥을 익히고, 갈고닦고, 무대 위에서 하이킥으로 환호를 받는가?

그 이유는 단 하나다.

하이킥은 '예측 불가능한 정교함'을 무기로 삼는 기술이기 때문이다.

눈에 가장 잘 보이는 무기이면서도, 동시에 가장 보이지 않게 들어가는 기술.

그것이 하이킥의 역설이며, 그것이 이 기술이 가진 예술성과 전술성의 교차점이다.

Chapter Extension

하이킥은 궁극적으로 무엇을 가르치는가?

하이킥이 가르쳐주는 것은 단지 '싸우는 기술'이 아니다.

그건 생각보다 높이 올라갈 수 있는 내 가능성을 보여 주는 기술이다.

그건 내가 나를 믿을 수 있는가에 대한 대답이다.

그건 결과가 아니라, 과정 자체를 수련하는 삶의 태도이다.

하이킥을 찬다는 건

내 몸을 믿는 것이고

내 판단을 믿는 것이고

내 선택을 책임지는 것이다.

결국, 하이킥은 기술이 아니라
나 자신을 정의하는 방식이다.

요약 문구

"하이킥은 단지 위로 향하는 다리가 아니라,
내 안의 가능성과 마주하는 시선이다."

Chapter 3

주먹은
얼굴을 찌르는 것이 아니라,
마음을 찌른다

One Shot KO
"The Perfect Straight Punch"

Extend in a straight line from the back of the hand through the forearm.

Pull your elbows in and rotate your waist.

Rotate the pelvis and waist together for power.

rotation of the angle.

Keep your forefoot close to the floor.

The big toe should point in the direction 1o'clock.

완벽한 직선은 몸에서 시작되시 않는다

이 그림 속 펀치는 하나의 곡선도 없다.

손등에서 팔뚝, 어깨, 허리, 골반, 발끝까지 이어지는 직선은 마치 명확하게 그어진 검은 선처럼 보인다.

하지만 이 완벽한 '직선'은 사실 물리적인 것이 아니다.

펀치가 만들어지는 순간, 몸의 축은 회전하고, 엉덩이는 틀어지고, 발은 비틀린다.

그리고 팔은 날아간다.

그 모든 움직임은 복잡하지만, 최종 결과는 단 하나의 직선이 된다.

그건 힘의 방향이 아니라, 마음의 방향이다.

이 펀치는 단순한 타격이 아니다.

선택된 순간, 정리된 궤도, 쌓아온 시간, 그리고 결심이 응축된 한 점의 폭발이다.

기억 속의 주먹 – 아버지의 한 방

 8월 초, 딱 그놈의 여름 한가운데.

 그날도 어느 날처럼 찜통더위가 계속되었다.

 새벽 세 시.

 모기도 잠시 쉬어 가는 그 시간에, 마당에서 기르던 진돗개가 미친 듯이 짖어 대기 시작했다.

 마당에 앉아 모이를 쪼는 참새 한 마리에 발광을 하는 이놈이 이날은 유난했다.

 처음엔 쥐라도 봤겠거니 했는데, 짖는 톤이 달랐다.

 가족들이 줄줄이 일어났다.

 어머니는 엉클어진 파마 머리를 쓸어 내며 뭔 일이냐며 다그쳤고 아버지는 반바지에 런닝 하나 걸친 채 현관문을 열었다.

 나는 촉박하게 바지를 주섬거리며 따라 나갔다.

 이런 장면이 영화처럼 흘러갔으면 좋겠지만, 그건 영화가 아니라 진짜 우리 집이었다.

 마당에는 세 명의 청년이 있었다.

 누가 봐도 동네 애들은 아니었고, 누가 들어도 술을 마셨음이 분명한 목소리였다.

 그들은 마당 구석에 쪼그리고 앉아 담배를 피우고 있었고, 우리 개에게 욕을 하며 발로 차려는 시늉을 하고 있었다.

 진돗개는 마치 대대로 이 집을 지켜 온 신령이라도 되는 듯, 목줄이 끊어지도록 짖어 댔다.

"누구신기요? 어떻게 집 안으로 들어왔습니까?"

아버지가 말했다.

표정은 언제나처럼 무표정이었고, 목소리엔 감정이 없었다.

그러니까 우리 아버지는 원래 성격이 무뚝뚝한 사람이었다.

사람이 아니라 커다란 돌덩이가 말을 걸고 있는 기분이랄까.

그런데 그게 또 묘하게 무섭다.

그중 한 녀석이 담배를 툭 뱉고는 말했다.

"개새끼가 너무 시끄럽잖아."

그 말투는 마치 본인이 항의할 권리라도 있는 것처럼 들렸다.

누구냐고? 어떻게 남의 집에 들어왔냐고 물어봤음에도 그놈들은 진돗개의 짖는 소리만 탓하고 있었다.

"대문이 좀 열려 있어서 들어온 게 잘못이냐? 개가 짖고 있잖아 어떻게 좀 해 봐!"

아버지의 얼굴은 여전히 무표정했다.

"이제 나가 주시죠."

아버지가 말했다.

그 말이 떨어지기 무섭게, 그들 중 하나가 아버지 어깨에 손을 올렸다.

친근한 손길은 아니었다.

술에 취한 무례와 만용과 무지의 손이었다.

옆에 있던 동료가 손바닥으로 아버지의 얼굴을 밀치는 순간, 우리 집 마당은 잠시 정적에 잠겼다.

딱 0.5초 정도.

그다음엔 아버지의 오른 주먹이 그의 턱으로 날아갔다.

나는 솔직히 그때, 아버지에게 그런 주먹이 있다는 걸 처음 알았다.

어깨를 가볍게 틀더니, 허리 힘이 빠르게 실리고, 손끝은 정확히 턱의 끝, 뇌가 가장 진동을 잘 느끼는 바로 그곳 임팩튼 존이다.

퍽 소리를 내며 앞쪽으로 고꾸라졌다.

마치 K2 소총에 정통으로 머리를 맞은 것이 아닌가 하는 착각까지 일었다.

친구가 바닥에 쓰러져 사경을 헤매는 데도 남은 두 친구들은 신발에 본드라도 붙여 놓은 듯 제자리에 꼼짝하지도 않았다.

젊은 청년을 데리고 나가시라는 말에 그들은 부랴부랴 친구를 부축하며 아무 말 없이 골목 너머로 사라졌다.

개는 짖을 대상이 없어졌음에도 짖는 걸 멈추지 않았다.

사람은 누구나 '여기까지'라는 경계가 있다.

누구도 침범할 수 없는 선.

말로는 지켜지지 않는, 단 하나의 물리적 문장.

남자라면 아버지가 날린 주먹의 의미를 알 수 있을 것 같았다.

나의 주먹이 폭력이 될 것인가, 책임이 될 것인가는 스스로의 선택에 달려 있을 것이다.

시간이 흐르고, 나는 나의 제자들에게 이제 싸움을 피하는 법과 싸워야 할 때 싸워야 한다는 진리를 가르치고 있다.

싸움은 기술이 아니라 선택이며 그 결과에 대해서도 충분히 책임을 질 용기가 필요하다.

우리 집 진돗개는 그 후로도 잘 짖었다.

아버지의 펀치는, 그 어떤 짖음보다 더 강하고 정확한 울림이었다.

스트레이트의 역사와 진화

1. 주먹이라는 운명

사람은 태어나면서부터 주먹을 쥔다. 갓난아기의 손에 쥐어진 건 아무것도 아니지만, 어쩐지 그 안엔 인류가 걸어온 모든 싸움의 기억이 들어 있는 것 같다.

주먹은 원래 말을 몰랐다. 그저 굶주린 늑대를 쫓아내거나, 고기 한 점을 지키기 위해 본능적으로 뻗어졌을 뿐이다. 그러나 몇 만 년이 지나면서, 주먹은 말을 배우기 시작했다. "살아라" 혹은 "이겨라" 같은 단어를.

2. 고대의 직선

그리스의 판크라티온 경기장에서, 로마의 모래 바닥에서, 중국의 면객잔 골목에서. 누군가는 검을, 누군가는 창을 들었지만, 그 모든 무기를 내려놓았을 때 남는 건 주먹 하나였다.

그 주먹이 직선으로 뻗는 순간, 시간은 잠깐 멈춘다. 관객의 숨이 멎고, 주먹을 맞은 자는 세상의 모든 소리가 갑자기 멀어진다. 그 직선은 단순한 길이 아니었다. 누군가의 인생을 가로지르는 운명의 궤적이었다.

3. 권투장 위의 문학

근대 권투는 주먹을 시로 만들었다. 잽은 운(韻)이고, 스트레이트는 종결 어미였다. 링 위에서 선수들은 주먹으로 대화를 나눴다.

"나 여기 있다." 잽.

"그러니까 물러서라." 스트레이트.

어깨와 골반이 회전할 때, 발끝이 바닥을 턴다. 이 모든 움직임이 하나의 문장처럼 연결돼, 마지막 단어인 주먹이 상대의 턱에 마침표를 찍는다.

4. 현대 MMA의 직선은 거짓말쟁이

MMA의 스트레이트는 솔직하지 않다. 눈은 하이킥을 예고하고, 발은 로우킥을 준비하며, 주먹은 직선을 숨긴다. 그 순간, 상대는 방향 감각을 잃고, 시간의 결이 뒤틀린다.

페인트, 앵글, 카운터. 모두 거짓말이다. 그러나 그 거짓말의 끝에 나오는 주먹만큼은 너무나 진실해서, 맞는 순간 눈앞이 하얘진다.

5. 공권유술의 한 방

공권유술에서의 스트레이트는 단순히 앞을 찌르는 것이 아니다. 그건 상대의 '마음'을 찌르는 일이다.

힘보다 빠른 속도, 무게 중심이 손끝에 실리는 순간, 그리고 무엇보다

'끝내겠다'는 결심'. 그 한 방은 뼈를 부수는 것이 아니라, 상대의 모든 선택지를 지워 버린다.

그래서 이 기술을 맞은 사람은 아프다고 말하지 않는다. 다만 "아… 이젠 아무것도 할 수 없구나" 하고 속삭일 뿐이다.

"주먹은 직선이 아니다, 선택이다"

많은 수련생들은 이렇게 말한다.

"펀치가 왜 안 맞을까요?"

"상대보다 주먹이 빠른데도 타격이 안 돼요."

"복싱처럼 빠르게 쳐야 하나요?"

그들에게 나는 이렇게 말한다.

"펀치는 빠르게 치는 게 아니라, '타이밍'이야!"

펀치는 기술이기 이전에 결단이다.

'이제 때려야 한다'고 판단하고, 몸 전체를 하나의 궤도 안에 수렴시키는 순간.

그게 진짜 펀치다.

완벽한 스트레이트 펀치란, 팔이 아니라 전신의 신호가 일직선으로 쏘아지는 순간이다.

시선은 꿰뚫고

발은 밀어 주며

허리는 튕기고

어깨는 쏟아 내고

팔은 내질러지고

마음은 확신한다.

펀치는 손끝이 아니라 몸 전체가 하나로 뻗는 합의다.

그것이 완벽한 직선의 본질이다.

기술 해부 — 완벽한 스트레이트의 요소들

요소	설명
시선	상대의 이마와 턱 사이를 보는 것이 핵심. 눈은 두려움이 아니라 리듬을 읽는다.
팔의 직선성	손등에서 팔꿈치, 어깨까지가 '일직선으로' 나아가야 한다.
팔꿈치의 리트랙션	뒤로 당기는 느낌으로 펀치의 출력을 만드는 것이다. '밀면서 당긴다'는 양면의 힘이다.
허리와 골반의 회전	펀치는 허리에서 나온다. 어깨와 팔은 전달자에 불과하다.
발끝의 방향	앞 발끝이 1시 방향을 가리키며, 회전이 '슬립'되지 않도록 고정한다.
지면 압력	발이 지면을 밀어낼 때, 에너지가 위로 전달된다. 지면이 펀치의 출발점이다.
호흡	짧고 날카로운 호흡이다. 긴장을 잡고, 임팩트 순간을 압축한다.

'진짜 펀치'는 인제 나오는가?

"관장님, 왜 제 펀치는 맞지를 않죠? 미트 칠 땐 소리도 좋은데, 스파링에선 먹히질 않아요."

중학교 때까지 태권도를 훈련했던 그의 펀치는 굉장히 빠르고 날렵했지만 항상 같은 질문을 했다.

자신감 결여.

그건 펀치의 궤도에서 나타난다.

초반은 빠르지만, 중간에서 망설이고, 끝에서 힘이 빠지는 주먹.

상대의 주먹이 날아올 때마다 움찔거리거나 눈을 감아 버리는 행동.

이렇게 해서는 상대를 맞출 수가 없다.

"샌드백이나 미트는 움직이거나 반격하지 않는다."

나의 말에 그는 스파링을 잠깐 멈추고 고개를 돌렸다.

"그런데 진짜 펀치는 '상대의 움직임을 뚫고 관통'하는 주먹이어야 해."

상대의 펀치와 나의 펀치가 서로 얽히는 순간 누가 더 정확히 관찰하느냐에 승패가 갈라진다.

결국 펀치는 몸에서 치는 게 아니라, 의지에서 나오는 것.

스트레이트는 정면공격이 아니다 — 약점의 우회

많은 사람들은 스트레이트 펀치를 '정면' 타격이라 생각한다.

하지만 실제로 KO가 나오는 스트레이트는 정면에 치는 것이 아니라,

비스듬히 파고드는 각도로 들어간다.

그건 물리적 각도의 문제가 아니라, 심리적 허점을 파고드는 타이밍의 선택이다.

스트레이트 펀치로 가장 많이 KO가 나는 순간은 다음과 같다.

· 상대가 왼손 잽을 낸 직후
· 상대가 뒷손 훅을 준비하며 무게중심을 옮길 때
· 클린치 후 뒤로 빠지며 시야가 흐트러졌을 때
· 상대가 리듬을 타며 미묘하게 발을 옮길 때

즉, 정면을 노리는 펀치가 아니라, 중심이 비틀어진 그 0.5초를 노리는 주먹이다.

스트레이트의 KO는 직선이 아니라, 상대의 흐름을 거스르는 '방향 전환'에서 탄생한다.

마인드셋 ─ 주먹은 마음의 결정이다

펀치를 익히기 위해선 기술보다 먼저 자신에 대한 신뢰가 필요하다.

많은 초보 수련생들이 펀치를 망설인다.

그건 기술이 부족해서가 아니다. '맞으면 어떡하지'라는 불안이 몸을 막기 때문이다.

펀치는 두려움의 벽을 넘는 순간부터 진짜로 시작된다.

"너는 너의 주먹을 믿어야 해. 네가 못 믿는 편치를 상대가 두려워할리 없잖아."

내가 수련생들에게 자주 들려주는 말이다.

이 문장을 수십 번 되새기는 수련생들은 언젠가부터 자신을 지키기 위한 펀치가 아니라, 자신을 표현하는 펀치를 날리기 시작한다.

그 순간, 그 주먹은 기술이 아니라 자기 확신의 상징이 된다.

펀치의 방어적 쓰임 — 가장 공격적인 방어

한 가지 흥미로운 사실이 있다.

완벽한 스트레이트 펀치는, 동시에 가장 안전한 방어도 될 수 있다.

그 이유는 다음과 같다.

1. 직선 공격은 가장 빠른 길이다

곡선을 그리는 공격보다 먼저 도달한다.

2. 타격 범위가 넓어 상대의 시야를 통제한다

정면을 맞으면 시야가 흔들리고, 이후 반격이 어려워진다.

3. 리듬 파괴 요소가 강하다

펀치 하나로 상대의 숨을 끊는 것처럼, 리듬을 자르는 역할을 한다.

4. 공격이 방어를 만든다

스트레이트 펀치를 날리는 순간, 상대의 공격 궤도를 방해하게 되며, 결과적으로 방어 효과를 얻게 된다.

즉, 펀치는 선제 방어이자, 공격 속의 방어가 된다.
이는 공권유술의 중요한 개념과도 맞닿아 있다.
"지키는 싸움은 먼저 그어지는 선에서 완성된다."

훈련 루틴

- 하루 50회 양손 스트레이트 미트 타격
- 거울 앞에서 팔꿈치-어깨-골반 연동 연습 3분
- 상대 없이 시선 훈련 + 발끝 방향 점검
- 스텝 인 후 반박자 지연 스트레이트 루틴
- 연속기 연결: 잽 → 스트레이트 → 백스텝 or 레프트 훅

훈련 메모

· 내가 펀치를 가장 정확히 맞춘 순간은?

· 나는 스트레이트 후 어떤 연결 기술을 사용하는가?

· 나는 내 주먹을 얼마나 믿고 있는가?

· 나는 언제 상대를 관통할 수 있다고 느끼는가?

요약 문구

"스트레이트는 직선의 기술이 아니다.

그것은 오직 하나의 선택만이 가진 결의의 궤도다."

Chapter 4

암바는 상대의
팔을 꺾는 것보다
상대의 신념을
꺾는 설계다

"This Picture Ends with a Snap... Literally"

Make your opponent's thumb point upward.

Lift your hips to straighten the opponent's arm.

Put the soles of your feet firmly on the ground.

정지된 그림 안의 파열음

이 그림 속 암바는 단순한 관절기술이 아니다.

상대의 팔을 곧게 펴고, 나의 골반을 들어 올리며, 발바닥은 바닥을 짚고 있지만, 에너지는 위로 뿜겨져 나온다.

이 장면은 정지된 것 같지만, 상대는 지금 끝을 향해 가고 있다.

'스냅(Snap)'이란 단어는 단지 뼈의 파열음을 뜻하는 게 아니다.

이건 모든 저항이 무력해지는 순간, 상대의 의지가 분해되는 시점이다.

그림 속 팔은 더 이상 상대의 것이 아니다.

그 팔은 나의 중심선 위에 놓인 도구가 되며, 단순한 지렛대 원리가 상대의 운명을 바꾼다.

도장 구석에서 들려온 '뚝' 소리

나는 암바를 처음 배울 때, 그 기술의 이름보다도 먼저 기억나는 게 있다.

그건 도장 구석에서 들려온, 한 번 '뚝' 하고 꺾이던 소리다.

수련생 중 한 명이 스파링 중에 탭을 놓쳤고, 상대가 암바를 거는 도중 멈추지 못했던 것이다.

그 순간의 정적.

그리고 곧이어 들려온 괴성과 응급처치.

하지만 그보다 더 강렬하게 기억나는 건, 그 상황을 지켜보던 한 여성 수련생의 표정이었다.

그녀는 겁먹은 표정으로 말했다.

"팔이 부러진 거예요?"

그 말이 내 마음에 남았다.

암바는 패배와 승리의 갈림길에 있다.

내가 탭을 할 수도 있고, 혹은 부상을 감수할 수도 있다.

그리고 기술을 사용하는 자와 기술을 받는 자의 철학이 그 둘 사이를 결정짓는다.

"왜 우리는 꺾는가?"

암바는 단순히 상대의 팔을 펴고, 그 팔꿈치를 내 골반에 얹은 후, 허리를 들어 올려 꺾는 기술이다. 하지만 정말 중요한 질문은 이것이다.

"왜 그를 꺾는가?"

"어떤 상황에서 꺾고, 어떤 순간에 멈출 것인가?"

공권유술에서 암바는 공격적인 기술이 아니다.

오히려 그것은 상대를 통제하는 기술이며, 정확한 판단력을 요구하는 무형의 언어다.

어떤 이들은 말한다.

"상대가 탭을 안하니까 꺾는 거지."

하지만 그건 자기 책임의 회피다.

이렇게 되면 팔이 부러진 것은 온전히 탭을 안 한 파트너의 잘못으로 전가한다.

상대를 꺾는 것보다, 놓아주는 것이 더 어려운 선택인가라는 물음에 답해야 한다.

그래서 암바를 배운다는 건, 힘을 익히는 것이 아니라 멈추는 법을 배운다는 뜻이다.

기술적 분석 — 관절을 읽는 손끝

기술 요소	설명
엄지 손가락 방향	상대의 엄지가 천장을 향해야, 팔꿈치가 아래 방향으로 고정되어 최대한의 압력을 받을 수 있다.
엉덩이 위치	엉덩이는 상대의 어깨와 가까이 둬야 하며, 중심선 위에 정확히 올라가야 파괴력이 발생한다.

다리 포지션	상대의 몸통을 감싼 다리는 무릎을 조이고, 반대쪽 다리는 상대의 얼굴 위로 올라가 상대가 일어나지 못하게 고정한다.
하체 긴장	허벅지 안쪽의 수축력으로 상대의 어깨 움직임을 차단한다. 관절만 잡는 게 아니라, 전체 몸을 틀어막는 것이 관건이다.
허리의 들림	허리를 들어 올리는 순간, 중심선이 상대의 팔을 파괴하는 축이 된다. 이는 단순한 힘이 아니라 타이밍과 정렬의 결과이다.
지면 접지	두 발은 확실하게 바닥을 딛고 있어야 한다. '뜬 암바'는 힘이 분산되며, '지면에 기반한 암바'는 폭발력을 낳는다.

암바는 마치 수학 공식과 같다.

하지만 그 공식 안에는 상대의 고통을 이해하는 감각이 함께 있어야 완성된다.

조용한 전쟁 — 암바 속에서의 심리전

암바를 거는 순간, 격투는 말없이 진행된다.

그 누구도 소리치지 않고, 눈빛은 흔들리며, 근육은 저항을 준비한다.

하지만 실제로 이 기술에서 가장 격렬한 전투는 '탭을 하느냐 마느냐'의 경계에서 일어난다.

상대의 팔이 펴지기 직전, 상대는 자신의 자존심과 싸운다.

"이걸 버틸 수 있을까?"

"내가 먼저 탭을 치면 진짜 지는 건가?"

이 순간, 암바를 시전하는 사람은 상대의 육체보다도 그의 심장을 조절하고 있는 셈이다.

이것이 내가 암바를 '조용한 전쟁'이라 부르는 이유다.

암바는 구조지만, 의지는 감정이다.

이 감정을 설계하고 예측하고 조율할 수 있어야 진짜 기술이 된다.

탭의 미학, 혹은 최금도라는 이름의 사내에 대하여

그러니까, 10년 전쯤의 일이다.

17살짜리 고등학생 한 명이 테이블을 사이에 두고 입관원서를 작성하고 있었다.

체격도 왜소했고 말수가 없었다.

중국 연변이 고향인 최금도는 한국말이 서툴렀다.

그런데 이놈이 아무 때나 나에게 반말을 해 댔다.

'일단 입관원서에 사인만 하면 다음 날부터 버릇을 고쳐 주리라…'

최금도는 도장에 하루도 빠지지 않고 출근 도장을 찍었다.

훈련에는 착실했지만 친하게 지내는 도장 관원은 많지 않았다.

발차기나 낙법 같은 기본 테크닉을 빨리 익혔기 때문에 공권유술에 소질이 있어 보였다.

간혹 그는 "다른 사람을 때리는 게 무섭다"고 말하기도 했다.

"스파링의 기반은 사람을 때리는 게 아니라 서로의 실력을 향상시키는 것이다"라고 말을 해 주었지만 그래서 상대에게 물리적인 힘을 가하는 것이 부담스러운 눈치였다.

선선한 가을밤 그날의 수업은 주짓수에 기반한 와술 스파링이었다.

상대를 테이크다운시키는 기술 몇 가지와 팔가로누워 꺾기의 크로스 암바를 지도했다.

이후 스파링이 타임이 시작되었다.

최금도의 파트너는 막 해병대를 제대한 건장한 체격의 윤석천.

입대하기 전 공권유술을 3개월 훈련한 경력이 있었다.

석천은 왜소한 금도를 얕잡아 보고 힘으로 제압하려고 했다.

간혹 무리한 기술을 억지로 성립하여 탭을 받아 내려고도 했다.

주짓수는 배운 사람과 못 배운 사람의 실력이 확연히 차이 나는 장르이다.

힘이 좋지만 기술에 대한 숙지를 하지 않았다면 경력자를 이기기가 쉽지 않다.

첫 번째 스파링에서 금도는 트라이앵글로 상대를 완전히 제압했지만 상대는 탭을 하지 않았다. 더 조르면 기절을 할 상태인데 그는 기어이 탭을 하지 않았다.

금도는 탭을 하지 않은 상대를 풀어주었다.

어린 친구에게 패배한 석천은 흥분해 있었고 금도를 다치게 하려는 의도가 보이는 행동을 하기도 했다.

두 번째 스파링이 시작되고 얼마 되지 않아 금도는 크로스 암바를 성공시켰다.

그는 허리를 들어 관절을 펴는 대신 상대가 먼저 탭을 치기를 기다렸다.

상대가 빠져나가려고 몸을 바둥거리자 고통을 느낄 틈도 없이, 기술을 풀어 버렸다.

"왜 탭을 받기도 전에 기술을 중단한 건가?"

내가 묻는 말에 금도는 다음과 같이 말했다.

"상대의 자존심을 꺾지 않아도, 제가 상대보다 강하다는 것을 알기 때문이에요."

석천이는 실력으로나 인격으로나 어린 금도의 상대가 되지 못했다.

탭을 받기 위해 꺾어도 꺾지 않는 용기, 이것이 진정한 암바의 정의다.

최금도는 몇 년간 일반회원으로 수련을 하다가 21살 때 나의 내제자로 정식 입문하였다.

내제자로 입문하여 공권유술을 전수받는 동안 하루도 빠지지 않고 훈련에 임했다.

협회의 수석사범을 거치고 후배양성을 위해 아직도 정진하고 있다.

그는 이제 27살이 되었고 여전히 스승에게 반말하는 버릇을 가지고 있다.

마인드셋 — 꺾기보다 놓는 용기

암바는 힘을 겨루는 기술 같지만, 실제로는 지배를 넘어선 배려의 철학이다.

왜냐하면 암바는

· '내가 이길 수 있음'을 아는 순간
· '상대를 놓아줄 수 있음'을 선택하는 도량이기 때문이다

어떤 수련생은 암바를 걸고 "제가 완벽히 꺾었어요! 상대가 엄청 아파하더라고요"라고 자랑한다.

그럴 때마다 나는 나지막한 목소리로 묻는다.

"그걸 꺾는 데, 네가 얼마나 배려했지?"

암바는 상대를 아프게 하는 기술이 아니다.

오히려 한계 앞에서 상대의 존엄을 존중하는 기술이다.

그 철학을 아는 자만이, 스스로 꺾이지 않는 공권유술인이 된다.

암바(Armbar) 무술의 역사와 진화

암바, 관절 위에 새겨진 시간의 문장

— 팔꿈치는 뼈가 아니라 기억을 꺾는다

암바라는 단어를 처음 들었을 때, 나는 오래된 우물의 버팀목이 떠올랐다. 비에 젖고, 햇볕에 말리고, 그러나 부러지지 않은 나무 기둥. 그 위로 수많은 사람의 손이 닿아 지나갔지만, 결국 무게를 견디다 못해 한순간에 '뚝' 하고 꺾이는 소리. 암바는 그 소리와 닮아 있다.

1. 고대 전장의 그림자

팔꿈치를 꺾는 기술은 문헌보다 오래됐다. 고대 전사들은 칼을 잃으면 팔을 잡았다. 방패 뒤, 창대 옆, 허술한 갑옷의 틈새에서. 팔꿈치 관절은 목보다 먼저 배반한다. 한번 꺾이면, 그 팔은 다시는 창을 쥘 수 없다.

그 시절 암바에는 이름도 없었다. 그저 살아남기 위해, 팔을 꺾을 뿐이었다.

2. 무림과 검은 도복의 시절

중국 무술에는 '절비(折臂)'라는 말이 있었다.

팔을 꺾는다는 뜻이었다.

일본 유술의 흰 도복 속에서는 '우데-가타메'라는 이름으로 숨어 있었다.

눈에 띄지 않는 몸의 회전, 상대의 손목을 포획하는 찰나, 그리고 무릎 위에 걸린 팔꿈치. 고요하지만, 되돌릴 수 없는 순간이었다.

3. 링 위에서의 재탄생

20세기, 주짓수가 브라질에서 자라날 때, 암바는 전설이 되었다.

그라운드에서, 가드 속에서, 마운트 위에서. 팔꿈치는 얼굴보다 안전하다는 이유로 경기 규칙 속에 살아남았다. 그러나 살아남은 것은 단순한 기술이 아니라, '끝까지 가는 집착'이었다. 팔을 잡으면, 끝이 보일 때까지 놓지 않는 집요함.

4. 공권유술의 암바 ― 무릎과 팔 사이의 문을 닫다

공권유술에서의 암바는 단순한 관절기는 몸속 문 하나를 닫는 일이다.

손목과 팔꿈치, 어깨가 이루는 세 개의 경첩을, 무릎과 골반으로 잠근다. 힘으로 꺾는 것이 아니라, 움직임의 선택지를 지워 버리는 것이다.

공권유술의 암바는 허공에서 시작할 수도 있다. 회전, 전환, 그리고 단번에 관절 가랑이 사이 위에 올려놓는다. 관객은 그 과정을 기술이라 부르지만, 당하는 이는 그것을 '길의 종말'이라 기억한다.

5. 철학으로서의 암바

암바는 팔꿈치를 부러뜨리는 기술이 아니다. 그것은 상대가 붙잡고 있던 가능성을 부러뜨리는 기술이다. 사람의 팔은 도구를 쥐고, 길을 가리키고, 꿈을 품는다. 그 팔이 꺾이는 순간, 그 사람의 세계는 한쪽으로 기울어 버린다.

그래서 나는 제자들에게 말한다.

"암바를 배울 때, 팔이 아니라 이야기를 꺾는다고 생각해라. 그 사람의 다음 장을, 네 가랑이 사이로 잠그는 거다."

실전 응용 — 암바가 나오는 순간들

암바는 다양한 상황에서 응용될 수 있다.

단순히 탑 포지션에서 걸리는 것이 아니라, 다음과 같은 흐름에서도 나온다.

· 상황 A: 상대가 클린치를 시도할 때
  - 상체를 이용해 중심을 뺏은 후, 뒤로 누우며 암바 연결

· 상황 B: 상대가 완전한 클린치를 성공했을 때
  - 한 손은 뒤목을 잡고 다른 한 손은 팔을 고정 → 플라잉 암바로 전환

· 상황 C: 상대를 밭다리후리기로 테이크 다운시켰을 때
  - 니온벨리에서 암바 연결 → 포지션 전환

· 상황 D: 상대가 팔로 내 얼굴을 밀어낼 때
  - 그 팔을 중심으로 하체 회전 → 암바 연결

이처럼 암바는 '한순간의 빈틈'이 아니라, 실전에서도 상대를 흐름 속에 끌어들여, 기술로 설계된 끝을 제시하는 카운터이다.

일상 속의 암바 — 관계의 기술, 배려의 삶

암바의 기술적 구조는 상대의 중관절을 탈골시키거나 골절시키는 원리이다. 아랫배라는 지렛대가 작동되면서 강한 상대의 팔을 불구로 만들 수도 있다. 하지만 단순히 팔을 꺾는 기술은 아니다.

결국 암바는 꺾을 수 있지만 꺾지 않는 데서 시작된다.

상대가 탭을 치길 기다리는 동안, 우리는 배우게 된다. 기다림의 의

미, 통제의 감각, 그리고 힘보다 중요한 설득의 기술 같은 것들이다.

직장인 서 과장은 예전엔 말싸움이 붙으면 목소리부터 컸다. 그런데 암바를 배우고 나서는 달라졌다.

"기다리니까 상대가 먼저 스텝 꼬이더라고요."

그는 이제 말다툼에서도, 회의에서도, 심지어 부부싸움에서도 탭을 유도한다.

꺾지 않아도 이기는 법을 익힌 것이다.

암바는 결국 타이밍의 기술이자 인내의 기술이다.

억지로 조이면 부러지고, 너무 느슨하면 놓친다. 적당히 조이며 기다리는 그 미묘한 감각이, 어쩌면 인생과 가장 닮았다.

우리는 살아가며 종종 '꺾을 수 있을까'만을 고민한다. 그러나 더 중요한 건, 꺾지 않고도 내가 강하다는 걸 보여 줄 수 있느냐는 것이다.

진짜 강한 사람은, 상대의 자존심을 꺾지 않아도, 결국 이긴다.

그래서 나는 오늘도 말한다.

"암바는 기술이 아니라 태도다. 그걸 아는 순간, 당신의 삶도 달라진다."

훈련 메모

· 내가 가장 부드럽게 암바를 연결한 순간은 언제였나?

· 나는 끝까지 꺾는가? 아니면 상대의 탭을 유도하는가?

· 암바 전, 나는 무엇을 느끼고 있는가?

· 나는 이 기술을 어떤 철학으로 사용하고 있는가?

요약 문구

"암바는 부러뜨리는 기술이 아니다, 멈추는 데 철학이 있다."

Chapter 5

타인의 심장을 두드리는 일, 그건 사랑보다 정직해야 한다

"Mount Pounding Because Sometimes, Love Hurts"

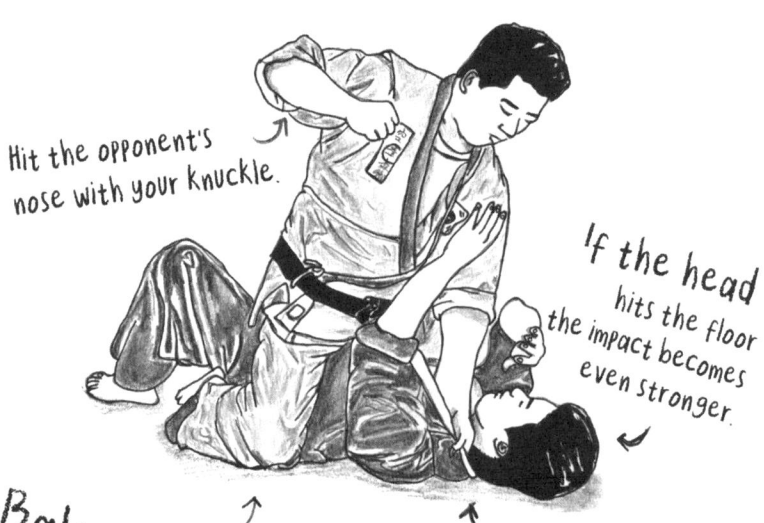

Hit the opponent's nose with your knuckle.

If the head hits the floor the impact becomes even stronger.

Balance yourself using your knees.

Grab the inside of the collar for control.

정복의 자세, 무너진 숨결 위에 앉다

이 그림은 단지 위에서 주먹을 내리치는 장면이 아니다.

이는 무너진 리듬 위에 중심을 얹는 행위이며, 상대의 저항을 무력화시키는 정복의 형태다.

무릎은 균형을 잡고 있고, 팔은 칼날처럼 날렵하게 적의 안면을 겨냥한다.

가슴은 상대의 호흡 위에 무겁게 내려앉고, 한 손은 옷깃을 붙잡고 있지만, 그 손끝의 힘은 감정이 아닌 구조로 조절되고 있다.

이 장면은 강함의 감정이 아니라, 설계된 폭력의 윤리를 보여 준다.

파운딩은 폭주가 아니다.

통제된 파괴다.

침묵 속에서 주먹은 내려온다

장대 같은 비가 쏟아지길 며칠째다.

장마가 유난히도 길게 느껴지는 그날도 비가 오고 있었다.

어지간히도 지겹게 내렸다. 수도꼭지를 틀어 놓아도 이처럼 퍼붓지는 않았을 그런 비였다. 번개가 치는 창밖.

천둥소리가 도장 안에 울렸다.

사람들은 부랴부랴 집으로 돌아가고 도장 안에 남은 건 남자 중학생과 고등학생 둘뿐이었다.

한 명는 췻췻 소리를 내며 샌드백을 치고 있었고, 다른 한 명은 슬그머니 내 옆으로 와 앉았다.

"관장님, 마운트 파운딩은… 상대를 때리는 기술인가요? 아니면 그냥 항복을 받아 내는 기술인가요?"

나는 그 질문이 단순한 기술적 이해를 넘는, 윤리의식의 발현이라 느꼈다.

그래서 나는 그에게 말했다.

"마운트 파운딩은 폭력이 될 수도, 보호가 될 수도 있어. 중요한 건, 너의 중심이 어디에 놓여 있느냐야."

"사람의 얼굴에 주먹을 꽂아 넣은 것이 어떻게 보호가 될 수 있죠?"

녀석은 난해한 표정을 지어 보이며 물었다.

나는 그에게 도장에서 실제로 있었던, 한 번의 싸움 이야기를 들려주었다.

그는 맞았지만, 이긴 싸움이었다

도장을 다닌 지 6년 차였던 김도우는 공익근무를 마치고 남은 시간을 온전히 공권유술 훈련에 매진했다.

키는 185센티에 날씬한 체형이었고 얼굴은 중학생 같은 소년티가 나는 청년이다.

언제나 묵묵히 훈련했고, 기술을 배우는 과정에서 상대의 배려를 먼저 익힌 수련생이다.

한번은 훈련을 마치고 집에 가기 위해 버스정류장에서 버스를 기다리고 있을 때였다.

버스를 타려는 사람과 내리려는 사람들의 혼잡 속에서 서로의 몸이 부딪치고 말았다.

"뭔데 사람을 밀어?"

신경질적인 말투, 뭔가 시빗거리가 없는지 혈안이 되어 있는 표정.

"죄송합니다. 사람들이 많아서…."

도우가 뒤쪽 버스를 타기 위해 몸을 옮길 때였다.

40대쯤 되어 보이는 말끔한 아저씨.

그 말끔하게 생긴 아저씨가 도우의 혁대를 잡고 흔들어 댔다.

아저씨의 입에서는 술 냄새가 났다.

특별한 이유도 없이 도우의 뺨을 툭툭 치면서 묻는다.

"그러니까 몇 살이냐고?"

밑도 끝도 없이 나이를 물었다.

도우는 상대를 넘어뜨렸고, 마운트를 잡았다.

하지만 그 순간, 주먹을 휘두르지 않았다.

도우는 단지 상대의 양팔을 고정한 채 말했다.

"선생님, 그만하시죠. 가족들이 기다릴 겁니다."

주변에 있는 이 광경을 구경하던 사람들이 말리기 시작했다.

아저씨는 바지에 묻은 먼지를 털어 내며 "좌우지간 몇 살이냐고?"를 반복해서 되물었다.

우리에게 흔히 일어날 수 있는 작은 에피소드였다.

그날 이후, 도우는 마운트 파운딩 기술을 더 열심히 연습하기 시작했다.

나는 이유를 물었다.

그러자 그는 이렇게 답했다.

"마운트를 타는 순간 얼굴이 피떡이 되게 때리고 싶다는 충동을 느꼈습니다. 내가 주먹을 날리지 않은 것은 그냥 운이었습니다."

그리고는 아이스 아메리카노 한잔을 입에 가져가 한 모금 마시며 애매모호한 질문을 던졌다.

"정확한 통제를 배우고 싶습니다."

그의 말에 나는 다음과 같은 말을 남겼다.

"기술은 억압이 아니라 설계가 되어야 한다는 것."

"힘은 감정이 아니라 구조로 사용되어야 한다는 것."

그것이 바로 파운딩의 철학이다.

"중심이 위에 있을 때, 감정은 바닥에 있어야 한다"

마운트 파운딩은 밑에 깔려 있는 사람의 얼굴을 향해 상방향에서 하방향으로 내리꽂는 기술이다.

상대의 머리가 땅바닥에 있는 상태에서 펀치를 허용한다면 충격은 2배로 가중된다.

얼굴은 피떡이 될 것이고 코뼈가 부러지거나 실명을 할 수도 있다.

그러므로 마운트 파운딩은 사람을 내려치는 기술이지만 아니기도 하다.

이것은 마치 사격을 배웠다고 사람을 향해 총을 쏘거나 검도를 배웠다고 진검으로 사람을 두 동강을 낼 수 없는 것과 비슷하다.

마운트 파운딩 또한 자신의 감정을 억제한 채, 상대의 행동을 멈추게 만드는 고도의 통제기술이 되어야 한다.

중심은 내 무릎 사이에 있지만, 진짜 무게는 내 감정을 바닥에 묻는 데서 나온다.

주먹이 빠르다고 파운딩이 아니다.

정확해야 파운딩이다.

여기에서 정확의 의미는 10점 만점의 과녁에 10점을 쏠 수 있는 양궁 같은 정확을 말하는 것은 아니다.

내려치는 속도가 아닌, 멈출 수 있는 여백이 파운딩을 만든다.

그래서 이 기술을 배우는 자는, 멈출 수 있는 자가 되어야 한다.

마운트 파운딩 무술의 역사와 진화

1. 비에 젖은 고대 전쟁터

한밤의 전쟁터는 바람보다 빠른 숨소리로 가득했다.

불타는 횃불이 땅 위의 그림자를 흔들었고, 먼 곳에서 쇠붙이끼리 부딪히는 소리가 굴러왔다.

칼이 부러진 병사는 마지막으로 주먹을 쥐었다. 눈앞의 적이 칼날 대신 몸으로 덮쳐 왔다.

그 순간, 두 사람은 땅바닥 위에서 하나가 되었고, 한 명은 위에, 한 명은 아래에 있었다.

위에 있던 자는 자신의 무게를 적의 가슴 위에 눌러 놓고, 주먹을 내리쳤다.

그 소리는 비에 젖은 돌 위에 장작이 부러지는 소리와 닮아 있었다.

마운트 파운딩의 시작은, 그렇게 '살아남기 위해서'였지, 누군가를 화려하게 꺾기 위해서가 아니었다.

2. 무림과 검술의 빈틈

칼을 잡는 손보다, 상대를 누르는 무릎이 더 강력한 순간이 있었다.

중국 무술의 오래된 그림 속에는 '좌타(坐打)'라는 이름이 남아 있다.

검이 부러진 순간, 무기를 잃은 전사는 주저앉듯 상대의 몸을 가두고, 주먹을 내리쳤다.

일본 유술의 고서에도 비슷한 장면이 있다. 마운트 스트라이크, 혹은 앉은 채로 내리치는 일격.

그들은 말한다. "서 있는 자가 이기는 것이 아니라, 끝까지 앉아 있는 자가 이긴다."

3. 링 위의 부활

세기가 바뀌고, 사람들은 전쟁 대신 경기장을 만들었다.

브라질리언 주짓수는 '마운트 포지션'이라는 이름으로 이 자세를 정교하게 다듬었다.

복싱은 속도와 타격의 리듬을 가르쳤다.

두 무술이 MMA라는 무대에서 만나자, 새로운 형태의 '지상 폭격'이 태어났다.

카메라는 그 순간을 놓치지 않았다. 위에 올라탄 선수의 골반이 무겁게 내려앉고, 주먹이 땅을 찍듯 상대의 얼굴을 찾아갔다.

관중들은 환호했지만, 그 안에 있던 선수들은 알았다. 이건 '속도'가 아니라 '멈출 수 있는 정확함'의 싸움이라는 걸.

4. 공권유술의 마운트 파운딩

공권유술에서 마운트 파운딩은 '때리는 기술'이 아니다.

그건 '멈추게 하는 기술'이다.

무릎 사이에 중심을 세우되, 감정은 바닥에 내려놓는다.

속도가 빠르면 파운딩이 아니다. 정확해야 한다.

내려치는 도중에도 언제든 멈출 수 있는 여백이 있어야 한다.

그래서 공권유술의 마운트 파운딩은 파괴가 아니라 '정교한 결박'이다.

때로는 주먹 한 번이 아니라, 주먹을 멈춘 그 순간이 상대를 완전히 굴복시킨다.

"위와 아래의 자리"

"중심이 위에 있을 때, 감정은 바닥에 있어야 한다."

내가 위에 있다고 해서 감정까지 위로 올라가면 주먹은 흐트러진다.

진짜 승부는 무게가 아니라 마음의 위치로 결정된다.

마운트 파운딩의 완성은, 내려치는 힘이 아니라 멈출 수 있는 힘에서 나온다.

기술적 분석 ― 뼈보다 숨을 눌러라

요소	설명
무릎의 균형	탑 마운트를 기본으로 한다. 무릎은 상대의 겨드랑이 쪽으로 갈수록 안정적이다.
손 위치	두 손을 올려 왼손 오른손 번갈아 가며 얼굴에 펀치를 먹인다.
주먹 각도	두 손을 올린 상대의 가드 사이를 파고드는 펀치가 가장 이상적이다.

팔꿈치 사용	상황에 따라 파운딩 중 팔꿈치 전환이 가능하다. 단, 급격한 체중 이동은 금지이다.
디펜스	상대가 스윕을 하면 마운트 포지션을 빼앗기게 되고 자세가 역전된다. 몸이 뒤집히지 않도록 좋은 균형을 유지하도록 노력한다.
파운딩 리듬	일정한 리듬보다, 비틀고 멈추는 페인트 동작을 섞어야 한다. 상대의 방어를 무너뜨리는 핵심 요소이다.

기술은 단순하지만, 감정은 복잡하다.

그래서 마운트 파운딩은, 정확한 감정을 억제할 수 있는 사람만이 쓸 수 있는 기술이다.

실전 전술 ─ 파운딩이 필요한 순간은 명확하다

MMA 선수가 시합을 위해 링에 오르지 않는다면 길거리의 싸움 같은 실전 파운딩은 무조건 사용하는 기술은 아니다.

그건 최후에 선택하는 의도된 공포의 전달 수단이다.

정확한 타이밍과 리듬, 그리고 공간이 존재해야 한다.

전술적 팁

항상 두 번째, 세 번째 주먹을 위한 공간을 설계할 것.

첫 타격은 상대가 막을 수 있다.

하지만 두 번째 타격부터 가드의 회피 이후 발생하는 진짜 무기다.

마음의 무게를 얹는 기술

마운트 파운딩은 중심이 '상대 위'에 있기 때문에, 자칫 잘못하면 '지배의 쾌감'에 빠지기 쉽다.

그래서 나는 제자들에게 기술을 가르칠 때 질문을 던진다.

"너는 지금, 이 사람 위에 앉아 있는가? 아니면 네 감정 위에 앉아 있는가?"

도복을 입고 도장에서 파운딩을 연습하는 건, 길거리에서 감정을 억제할 수 있는 의지의 훈련이다.

중심은 무릎에 있고, 손은 상대의 얼굴을 향해 있지만, 마음은 땅에 닿아 있어야 한다.

그렇게 했을 때 비로소, 파운딩은 '주먹의 기술'이 아니라, '심장의 기술'이 된다.

훈련 메모 — 나의 파운딩은 기술인가, 감정인가?

· 나는 파운딩 연습 중, 상대의 눈을 보고 있는가?
· 상대가 내 밑에 있을 때, 나는 어떤 감정을 느끼는가?
· 파운딩 중 '멈출 수 있는 나'를 경험한 적이 있는가?
· 나에게 가장 통제된 주먹은 언제였는가?
· 나는 파운딩을 통해 누구를 억제하는가? 상대인가, 아니면 나인가?

요약 문구

"마운트 파운딩은 주먹보다, 감정의 무게를 얹는 기술이다.

누군가를 내려칠 수 있는 순간,

그 주먹을 멈출 수 있는 자가 진짜 강자다."

Chapter 6

주먹이 아닌
구조로 지배하라!

"Doctor Said This One Arm Lock Trick"

Make the opponent's arm into a "V" shape.

Use a finger grip

Pull the opponent's head

Let your knees touch the ground for stability.

팔 하나가 삶 전체를 구부린다

이 그림 속 암 락 기술은, 단순한 관절 꺾기가 아니다.

기술자는 상대의 머리를 끌어당기며, 상대의 팔을 V자 형태로 구부려 고정한다.

무릎은 바닥을 눌러 중심을 낮추고, 손은 섬세한 '핑거 그립(finger grip)'을 통해 팔의 각도를 완벽하게 조절하고 있다.

이 장면에서 주먹은 날아가지 않는다. 하지만 무언가가 확실히 꺾이고 있다.

그것은 팔일 수도 있고, 상대의 심리일 수도 있으며, 혹은 저항이라는 이름의 마지막 선택지일 수도 있다.

"나는 꺾인 적이 없었어"

  30년 전 18평의 지하 작은 도장에서 나는 제자들을 양성해 왔다.

  지금 생각해 보면 퀴퀴한 냄새가 나고 습기가 가득한 그곳이 내 무술 인생의 최대 전성기였다.

  나는 젊었을 때 패기가 넘쳤다.

  내 인생 중 체력과 무력이 가장 높을 때였다.

  전국에서 많은 사람들이 제자가 되길 청했다.

  훈련을 미친 듯이 했다.

  눈은 날카로웠고 몸과 마음이 쇳덩이처럼 강했다.

  겨울방학 시즌에는 공업고등학생들이 많이 입관을 했다.

  그중에 학교 럭비부에서 훈련을 하다 무릎부상으로 몇 개월 쉬고 있다는 고등학생이 입관을 했다.

  그날의 수업은 팔얽어비틀기(암락)에 대한 수업을 진행 중이었다.

  나는 가능한 정확한 동작 그리고 비교적 자세한 설명을 통해서 제자들이 기술을 이해하도록 하는 것을 좋아한다.

  몸무게가 110kg에 팔뚝이 여자 허리만 한 럭비부 녀석이 실실 웃으며 고개를 가로저었다.

  "왜 웃는 건가? 하고 싶은 말이 있나?"

  그 녀석은 웃음을 멈추고 정색하며 말했다.

  "관장님 솔직히 나같이 힘이 세고 덩치가 큰 사람은 그런 기술이 통할 리가 없잖아요!"

  웃음의 의미를 알게 되는 순간이었다.

녀석은 배우려고 하는 자세가 없었고 선생의 기술에 대한 확신이 없어 보였다.

그도 그럴 것이 녀석의 얼굴은 햇볕에 그을어 구릿빛이 돌았고 허벅지는 마치 말 근육처럼 잔근육들이 선명하게 그어져 있었다.

일전에 암바를 가르치는데 그가 상대 파트너를 힘으로 들어 올려 바닥에 매달아 꽂은 기억이 났다.

"관장님이 나에게 기술을 걸어도 나는 힘으로 버텨서 안 꺾일 자신이 있습니다."

많은 제자들이 숨을 죽이고 나의 반응을 지켜보고 있었다.

만약 내가 그의 제안을 거절하면 나의 기술은 거짓이 될 것이고 만약 내가 그에게 기술을 건다면 그의 어깨는 심한 부상을 입을 것이기 때문에 나로서는 진퇴양난이었다.

'무례한 녀석…'

나는 나도 모르게 속으로 중얼거리고 있었다.

하지만 관원들은 그 건방진 녀석의 말에 동의하는 듯한 눈빛을 보였다.

"잠깐 나와 보겠나?"

녀석이 잽싸게 나오더니 팔을 꺾어 보란 듯이 바닥에 누웠다.

사실 나는 기술이 통하나 안 통하나를 시험하기 위해서 그 녀석의 팔을 꺾을 생각이 없었다.

다만 팔이 꺾이는 과정을 설명하며 잘못하면 큰 부상으로 갈 수 있다는 말을 하고 싶었다.

그는 오른팔을 내밀며 빨리 꺾어 보라고 재촉했다.

관원들이 환호성을 지르며 박수를 쳤다.

이 상황이라면 여러분들은 어떻게 하겠는가?

맞다. 나도 당신의 생각과 같이 녀석을 기술로 제압해야 한다고 생각했다.

사이드포지션으로 가서 팔을 다리로 얽어서 목을 당겼다.

녀석이 힘을 주고 팔을 꺾이지 않기 위해 안간힘을 썼다.

약간의 힘을 주고 탭을 하기를 기다렸지만 녀석은 결코 탭을 치지 않았다.

오히려 힘을 더 주면서 빠져나가려고 몸을 비틀고 몸부림쳤다.

그때 "빡!" 하는 소리가 도장 안을 울렸다.

마치 타이어 바퀴가 터지는 듯한 소리였다.

"악!" 짧은 비명 소리와 함께 녀석의 얼굴이 창백해졌다.

오른쪽 어깨가 박살이 나면서 복합골절이 일어났다.

뼈가 여러 조각으로 부러진 것이다.

녀석을 종합병원 응급실로 서둘러 데려갔다.

녀석의 어머니가 당도하자 무슨 일인가를 물었다.

자초지종을 듣고 있던 어머니에게 녀석이 끼어들었다.

"관장님 내가 팔을 꺾어 보라고 했지 병신을 만들라고 했습니까?"

녀석의 원망과 함께 어머니의 질타가 쏟아졌다.

많은 치료비를 물어내야 했다.

그 과정에서 많은 시간을 소비해야 했다.

녀석의 부모들은 나를 경찰에 고발하여 콩밥을 먹여야 한다고 압박했다.

당시 팔이 박살 나는 과정을 지켜보던 관원들 중 일부는 위험을 느껴 도장을 그만두었다.

관장이 관원을 병신 만드는 곳이라고 소문을 내기도 했다.

이러한 상황을 만든 사람은 누구이고, 누구의 책임인가?

그것은 오로지 나의 잘못이다.

나는 당시 초보 관장이었고 진심을 다해서 가르치는 법을 몰랐다.

그것이 내가 가장 잘못한 원인 중 하나이다.

나는 가끔 녀석의 얼굴이 떠오른다.

수술이 아무리 잘되었어도 어깨에 대한 후유증으로 고생하면 어떡하나 하는 걱정 때문이다.

내가 그날 이후로 크게 깨달은 것은, 그들은 잘 모르니까 배우러 왔다는 것이고 나는 잘 가르쳐야 하는 책무가 있다는 것이었다.

선생에 대한 믿음이 없다면 배우는 사람도 가르치는 사람도 똑같이 괴롭고 힘들다.

또한 선생도 학생에 대한 따뜻한 배려가 없다면 스승과 제자의 관계는 성립되지 않는다.

"암 락(Arm Lock)은 통증이 아니라 설계다"

우리는 관절기를 흔히 '통증을 유발하는 기술'이라고 생각한다.

그러나 실전에서 암 락은 대부분 통증 이전에 '굴복'을 만든다.

왜냐하면 관절은 인간의 움직임을 가능하게 하는 핵심이다.

그리고 팔이 꺾인다는 것은, 다시 말해 "움직일 수 없다"는 진단을 받는 것과 같다.

그 진단이 머리까지 도달하는 시간은 불과 2초다.

그 짧은 시간 안에, 상대는 판단한다.

"이건… 내가 더 움직이면 안 되겠다."

현명한 생각을 한다면 상대에게 항복을 선언하는 선택을 하게 된다.

이때 암 락은 단순한 기술이 아니라, 상대에게 '자기 결정권을 빼앗아 가는 설계도'가 된다.

암 락 무술의 역사와 진화

1. 오래된 팔의 이야기

팔이란, 참 이상한 물건이다.

남을 껴안기 위해 태어났으면서, 가장 먼저 움켜쥐고, 밀어내고, 꺾어버린다.

인류가 두 발로 일어서던 날부터, 팔은 이미 무기가 되었고, 동시에 족쇄가 되었다.

암 락은 그 팔의 운명을 거꾸로 돌려놓는 기술이다.

팔이 더 이상 나를 향하지 못하도록, 팔 스스로 자기의 길을 부정하게 만드는 것.

2. 고대 전쟁터의 팔

기록에는 남아 있지 않다.

하지만 상상할 수 있다. 창이 부러지고 방패가 떨어진 전쟁터에서, 두 병사가 진흙 속에서 뒤엉킨다.

그중 한 명은 상대의 팔을 잡아, 마치 마른 나뭇가지를 꺾듯이 비틀었다.

비명은 짧았고, 팔은 그 자리에서 무기가 아닌 짐이 되었다.

그날 이후, 암 락은 '적을 죽이지 않고도 싸움을 끝내는 방법'이 되었다.

3. 무림의 조용한 족쇄

중국 무림에서는 암 락을 '쇄완(鎖腕)'이라 불렀다. 손목을 잠그는 기술이라는 뜻이었다.

그러나 그들은 손목이 아니라, '의지'를 잠갔다.

일본 유술에서도 이 기술은 '관절기(關節技)'의 핵심이었다.

무사의 길에서 칼을 빼앗는 순간보다, 팔을 꺾어 무력화시키는 순간이 더 고요하고 치명적이었다.

그 고요함 속에서, 싸움은 이미 끝났다.

4. 스포츠로의 이주

20세기, 주짓수와 유도는 암 락을 링 위로 옮겨왔다.

이곳에서 팔은 칼이 아니라 승부의 심판이 되었다.

레퍼리가 손을 들어 멈추기 전에, 팔은 스스로 '탭'을 두드렸다.

죽음 대신 포기가 허용된 시대, 암 락은 살상의 기술에서 '선택을 주는 기술'로 진화했다.

그러나 탭을 치지 않으면, 그 팔은 다시는 제 기능을 하지 못했다.

5. 공권유술의 암 락 — 선택지를 꺾는 법

공권유술에서 암 락은 단순한 팔 꺾기가 아니다.

그건 '선택지를 꺾는 것'이다.

상대의 팔을 잡는 순간, 나는 물어본다.

"싸움을 계속할 것인가, 여기서 끝낼 것인가."

상대가 대답하지 않으면, 팔이 대신 대답한다.

관절에서 들리는 작은 '딱' 소리는, 대화의 종결이자 전장의 침묵이다.

"부러뜨리지 않는 힘"

진정한 암 락은 뼈를 부러뜨리지 않는다.

그건 '부러뜨릴 수 있다는 가능성'을 보여 주는 힘이다.

무술가는 그 가능성을 상대의 피부와 관절에 조용히 전해 주고, 멈출 줄 알아야 한다.

멈출 수 있는 힘이야말로, 꺾을 수 있는 힘보다 훨씬 더 강하다.

기술 해체 — 관절 하나를 꺾기 위한 다섯 가지 구조

구성 요소	설명
V자 형태로 만든 팔	팔꿈치가 외부로 구부러질 수 없도록 구조적으로 제한한다. 어깨에 충격을 주기 위해 '안쪽 압박'이 아닌 'V형 외곽 고정'이 필수이다.
핑거 그립	단순한 손가락 잡기가 아니라, 상대의 움직임을 '감지'하는 센서 역할이다. 너무 강하면 놓치고, 너무 약하면 풀린다.
머리 끌어당기기	상대의 머리를 조심스럽게 자기 쪽으로 당겨 어깨를 꺾는다. 시선과 목의 각도에 따라 힘 분산이 다르게 설정된다.
무릎 바닥 닿기	무릎이 바닥에 밀착해야 어깨를 꺾는 각도가 커진다. 허공에 떠 있을 경우 압박이 분산된다.
시선 고정	시선은 팔이 아니라, 상대의 얼굴 근처나 상황을 바라본다. 기술이 흔들리는 것을 막는 '내적 나침반' 역할을 한다.

이 기술은 복잡하지 않다.

그러나 단 하나라도 빠지면 완성되지 않는다.

암 락은 정교하다.

정확하게 설계되어야만, 상대의 '움직일 권리'를 빼앗을 수 있다.

기술이 완성되는 순간, 관계는 바뀐다

암 락을 정확히 구사하는 순간, 기술자와 상대의 관계는 단순한 승패의 관계를 넘어서게 된다.

왜냐하면, 이 기술은 '때리거나 피하는 싸움'이 아니라, 상대를 정지시키는 싸움이기 때문이다.

주먹이나 발차기는 충돌을 전제로 한다.

하지만 암 락은 충돌을 넘어서 상대의 선택지를 제거하는 구조다.

그래서 이 기술을 익히면, 단지 팔을 꺾는 감각뿐 아니라 '상대를 어떻게 조용히 만들 것인가'를 고민하게 된다.

그 고민은 결국 나 자신에 대한 철학으로 이어진다.

"나는 기술로 무엇을 하려는가?"

"이 기술을 끝까지 사용해도 될까?"

"내가 이 사람을 꺾는 이유는 무엇인가?"

암 락은 고요한 기술이다.

싸움을 중단시키는 기술이기 때문에, 그 기술을 사용할 수 있는 자는 스스로 고요할 수 있어야 한다.

마인드셋 ― 꺾기보다 멈추기

암 락을 배우는 사람들은 처음엔 이렇게 말한다.

"어떻게 꺾는 건가요?"

"언제까지 누르면 팔이 부러지죠?"

"상대가 끝까지 저항하면요?"

하지만 시간이 흐르면, 그 질문은 이렇게 바뀐다.

"이 기술을 언제 멈춰야 할까요?"

"상대가 탭을 안 하면, 저는 어디까지 가야 하죠?"

"상대를 꺾지 않고도 이길 수 있나요?"

이 질문의 변화가 곧 무도인의 성장이다.

기술은 파괴력을 키우는 것이 아니라, 멈출 수 있는 '여유'를 만드는 것이다.

내가 상대를 완전히 꺾을 수 있는 순간에도, 멈출 수 있다면 나는 기술자가 아니라 철학자가 된다.

제압의 기술이 아니라, 선택의 철학이다

나는 암 락을 처음 배울 때, 단지 그것이 '팔을 꺾는 기술'인 줄로만 알았다.

그러나 수년간 수련을 이어 가며 깨달았다.

이건 상대를 설득하는 기술이었다.

팔이 꺾이기 직전에, 나는 스스로를 돌아본다.

"이 싸움, 계속할 가치가 있을까?"

"내가 뭘 위해 여기까지 온 걸까?"

"그냥 탭 치고 끝낼까….."

이러한 생각이 드는 순간, 나는 이미 진 것이다.

내가 만든 건 고통이 아니라 결정의 변화였기 때문이다.

훈련 루틴 — 설계자의 리듬을 익혀라

루틴 항목	설명
팔 V자 구조 반복 훈련	상대 팔꿈치를 기준으로 V자 각도 형성
핑거 그립 감각 루틴	천천히 당기고, 풀고를 반복하며 미세한 감각 훈련
중심 낮추기 훈련	무릎 바닥 터치 → 중심선 고정 → 상체 회전 반복
시선 훈련	기술 시 눈을 어디에 둘 것인지 반복 점검(어깨, 귀 등)
탭 유도 시나리오 훈련	상황별 흐름 설정 → 기술 연결 후 '언제 멈출 것인가' 감각 익히기

훈련 메모 — 나는 기술을 '어디까지' 써야 하는가?

· 나는 암 락을 끝까지 걸어 본 적이 있는가?
· 내가 탭을 유도하려 했던 순간은 기술 때문이었나, 감정 때문이었나?
· 나는 이 기술을 실전에서 쓴다면, 어떤 철학으로 멈출 것인가?
· 내가 꺾지 않아도 상대가 멈춘다면, 그것이 가장 아름다운 기술이 아닐까?

암 락은 지면 위, 클린치 중, 가드에서 혹은 테이크다운 후 다양한 전개 상황에서 사용할 수 있는 기술이다.

실전에서는 '힘'보다 구조가 우선이다.
팔이 꺾이기 위해선 반드시 어깨가 틀어지고, 중심이 무너져야 한다.

암 락은 단순한 꺾기라고 생각하기보다는 상대의 구조적 방향을 예측하여, 가장 안전한 '정지 상태'를 만들 수 있는 설계다.

요약 문구

"암 락은 뼈를 꺾는 기술이 아니다.
상대의 결정권을 조정하는 가장 정교한 대화다."

Chapter 7

고수는
불필요한 움직임을
하지 않는다

"Intercept Masters Don't waste Movement"

Position your right arm backward to keep balance.

Raise your heel and rotate your ankle to create power and angle.

Strike your opponent's temple as a vital point, quickly and precisely.

직선의 정밀성은 흐름을 끊는다

이 그림은 일반적인 하이킥과는 전혀 다르다.

기술자는 상체를 기울이지 않았다.

무게중심은 정직하게 세워져 있고, 팔은 상대의 시선을 유도하며 정확히 관자놀이를 향해 발을 꽂고 있다.

무릎은 접힌 각도보다 펼친 각도가 더 명확하고, 뒤꿈치는 들려 있으며, 발목은 미세하게 회전하고 있다.

이는 단순한 '상단 타격'이 아니라, 정밀 사격에 가까운 발사에 가깝다.

이 기술은 속도보다 타이밍, 힘보다 궤도, 격투보다 '선택된 간섭'을 전제로 한 공권킥(Gongkwon Kick)이다.

"인터셉트는 힘의 문제가 아니라 '의지의 선'이다"

많은 사람들은 하이킥을 이야기할 때, 이렇게 말한다.

"유연해야 하잖아요."

"상대가 멀면 맞출 수 없잖아요."

"상체를 눕혀야 강하게 들어가죠."

하지만 공권킥은 그 모든 전제를 거부한다.

그 기술은 힘을 모으지 않는다.

에너지를 축적하지 않는다.

준비하지 않는다.

공권킥은 말 그대로 '인터셉트'다.

상대가 공격을 시작하기도 전에 내가 그 흐름을 끊는 것이다.

그리고 그 끊김은 결코 '우연'이 아니다.

그건 '읽음'이다.

상대의 타이밍을 읽고, 시선을 읽고, 중심축의 각도를 읽은 자만이 딱 한 걸음도 움직이지 않은 채 발을 올릴 수 있다.

기술 해체 — 일반 하이킥과 공권킥의 차이

요소	일반 하이킥	공권킥(공권유술식 하이킥)
상체	뒤로 눕힘 → 중심 이동	상체 세움 → 축 고정
목표 부위	얼굴 전체 또는 목	관자놀이 등 정밀 vital point
리듬	스텝 인 + 회전 + 킥	0.5스텝 or 제자리 킥

파워	발목 → 골반 → 상체의 회전력	발목 회전 + 무릎 스냅
타이밍	상대의 빈틈 or 리듬 후	상대의 리듬 '직전'
발의 궤도	부드러운 아크(arc) 곡선형	직각에 가까운 짧은 반원형
회복 동작	회전하며 복귀 or 이어 붙임	제자리 복귀 후 스텝 연결

공권킥은 움직임의 '압축'이다

사용자는 과장을 최소화하고, 그 순간 필요한 만큼만 움직인다.

이 절제는 연습을 통해서 이루어진다.

힘이 아니라, 절제가 무기를 만든다.

"그는 아무것도 하지 않았는데, 모든 것을 바꿨다."

공권킥의 가장 인상적인 장면은, 상대가 쓰러졌을 때조차 기술자의 모습은 그대로 유지되어 있다는 것이다.

그는 중심을 움직이지 않았다.

그는 팔을 과장되게 흔들지 않았다.

그는 기합을 넣지 않았다.

오직 발만.

딱 한 번.

그 짧은 선을 그었을 뿐이다.

공권유술 블랙벨트들만 출전할 수 있는 블랙벨트 패왕전에서의 일이다.

패왕전 예선 8강전.

한 고등학생 선수가 공격적으로 들어오는 상대의 타이밍을 보고, 미리 한발 앞서 정지된 자세에서 킥을 올렸다.

발은 정확히 상대의 관자놀이를 맞췄고, 상대는 마치 정지화면처럼 그대로 무너졌다.

그는 아무런 감정도, 승리의 포즈도 취하지 않았다.

그는 그대로 발을 내리고, 스텝을 뒤로 물렸다.

그 순간, 시합장은 환호성 대신 침묵에 잠겼다.

그의 킥은 강하지 않았다.

그의 킥은 화려하지 않았다.

그러나 그것은 완전했다.

완벽한 타이밍.

"공권킥은 사람을 때리는 것이 아니라, 시간을 끊는 것이다."

힘보다 의도를 멈추는 킥

공권킥은 단순한 킥이 아니다.

이 킥은 상대의 '의지'를 무너뜨리는 기술이다.

보통의 하이킥은 상대의 시야, 얼굴, 턱, 목 등 물리적 표면을 노린다.

그러나 공권킥은 상대가 앞으로 나아가려는 결정 그 자체를 겨냥한다.

기술을 맞은 자는 아프다고 느끼기도 전에 몸 전체가 일시적으로 '감전'되는 것을 경험한다.

왜일까?

그건 정확히 뇌가 인식하는 급소를 먼저 타격당했기 때문이다.

관자놀이는 단순한 해부학적 약점이 아니다.

그곳은 몸의 방향과 의도의 전환점이다.

공권킥은 상대의 얼굴을 부수는 기술이 아니라 생각을 부순다.

힘을 쓰지 않으면서, 의지를 꺾는 것.

그게 바로 이 기술의 본질이다.

그녀의 필살기

황지희는 평범한 중학교 2학년이었다.

적어도 겉으로 보기엔 그랬다.

공부는 중간 정도의 성적.

급식은 늘 중간에 배식받는 그런 애.

최대한 남들의 눈에 잘 안 띄려는 듯한 인상을 주는 여학생이었다.

그런 성격임에도 불구하고 이상하게 체육 시간만 되면 그녀는 사람들의 시선을 사로잡고 말았다. 배드민턴? 셔틀콕은 늘 머리 위로 지나가고, 농구? 슛은 한 번도 링 근처에 가 보지도 못했다.

그러니까, 운동이라는 단어랑은 잼뱅이. 너무 못하니까 오히려 사람들의 눈에 확 띄는 그런 스타일이다.

그런 황지희가 공권유술 도장에 처음 나타난 건, 순전히 엄마 때문이었다.

"지희야, 호신술이라도 좀 배워라. 요즘 세상 무섭다."

그 말에 마지못해 도장 문을 열었는데, 거기서 처음 본 관장은… 수염이 하얗고 어깨가 딱 벌어졌으며 눈매가 매서워 보였다.

그런데 신기하게도, 첫 수업에서 관장이 한 말은 생각보다 부드러웠다.

"운동 못해도 괜찮아. 하지만 누구나 필살기가 있는데 너도 그것을 연구해 보자."

그 이후로 하이킥과 뒤돌려차기를 집중적으로 배웠다.

공권킥의 첫 수업

공권킥은 일반 하이킥이랑 다르다.

보통 하이킥 하면 영화처럼 크게 돌려 차서 '픽!' 소리 나는 장면을 떠올리지만, 공권킥은 그런 허세 따윈 없다.

일반 하이킥의 경우 높이 찰수록 상체가 뒤로 기울어지기 마련인데 관장님은 상체를 뒤로 기울이지 못하게 했다.

팔은 상대 시선을 살짝 끌고, 무릎만 빠르게 올린 뒤, 정확히 관자놀이 같은 급소를 찌른다. 힘이 아니라 타이밍. 속도가 아니라 궤도.

"지희야, 이건 근육으로 하는 게 아니야. 네 몸이 기억하게 만들어야 해."

관장은 동작을 교정해 줄 때마다 그 말을 반복했다.

지희는 평범한 아이지만 자기가 하고 싶은 것이 생겼을 때는 끈질기고 집요한 아이였다.

수백 번, 수천 번. 거울 앞에서 무릎을 올리고, 발목을 돌리고, 발끝이 목표를 향하도록 찌르기를 반복했다.

공권킥은 재미없는 발차기다. 샌드백에 발차기를 해도 '찰싹' 소리조차 안 난다.

이러한 훈련을 지희는 꾸준히 반복해 나갔다.

3주쯤 지나자 지희의 발끝이 공중을 가르는 감각이 달라졌다.

마치 공기가 발을 피해 가는 듯한, 묘한 통로가 열리는 느낌으로 동작이 완성되고 있었다.

호신왕전, 운명의 날

호신왕전은 16강부터 시작하는 토너먼트 시합으로, 공권유술 도장들이 많이 참가한다.

황지희는 원래 후보 명단에도 없었다.

그런데 대회 일주일 전.

"관장님 저 호신왕전에 나가고 싶어요…."

큰 용기를 내어 시합을 신청했지만 솔직히 말해, 지희는 겁이 났다.

상대는 2년 차 수련생, 배대뒤치기가 특기인 한 학년 선배인 언니는 팔 힘만 봐도 자신을 들고 던질 수 있을 것 같았다.

시합 시작 종이 울렸을 때, 지희는 긴장감에 숨이 턱까지 차올랐다. 상대의 정권지르기가 지희의 단단한 가드를 뚫고 명치에 적중하자 상대는 로우킥을 시도했다. 다리가 '쾅' 부딪힐 때마다 지희는 뒤로 밀려났다.

'네가 확실하게 할 수 있는 한 방.'

그 한 방의 순간이 필요했다.

상대가 배대뒤치기를 시도하기 위해 잡으려고 들어오는 순간.

무릎이 번개처럼 올라갔다. 발목이 회전하고, 발끝이 공기를 찢었다.

'툭.'

관자놀이에 정확히 닿은 소리. 힘은 세지 않았지만, 상대의 몸이 그 대로 멈췄다.

KO를 시키진 못했지만 상대의 눈이 순간적으로 흐려진 듯 보였다.

심판이 손을 들었다.

"한판!"

함께 응원했던 동료들의 함성이 터졌다.

지희는 자신이 어떻게 이겼는지도 모르겠다고 말했다.

"그냥 몸이 기억하고 발차기가 나가던데요."

마지막 라운드에서도 상대가 들어오던 순간, 똑같은 각도로 발이 나 갔다. 또 한 번 포인트!그리고 경기 종료.

시합이 끝난 뒤, 지희는 좋아했다.

"시합에서 우승은 못했지만 더 열심히 하고 싶어졌어요."

"오늘 너는 흐름을 읽고, 필요한 만큼만 움직여서 이겨 버렸다. 그게 진짜 고수의 방식이야."

나의 말에 그녀는 빙긋이 웃었다.

그날 이후, 지희는 운동을 못하는 아이가 아니었다.

그녀는 자신에게 맞는 무기, 필살기를 가진 전사가 되었다.

어쩌면 앞으로도 그녀의 인생에서 수많은 순간을 지켜줄 한 방이 될 지도 모르겠다.

황지희는 현재 공권유술 블랙벨트이며 고3이 되었다.

공권킥(空拳 Kick) 무술의 역사와 진화

1. 발끝에 달린 하늘

공권킥이라는 이름은, 비어 있는 주먹이 하늘을 찌른다는 뜻이다.

1996년 나는 아주 빠른 하이킥에 대해서 연구를 하고 있었다.

이렇게 만들어진 것이 공권킥이다.

이 발차기는 이름과 달리 주먹이 아니라 발끝에서 시작된다.

발끝은 하늘을 향하고, 무릎은 땅을 기억한다.

그 사이는, 싸움과 평화의 경계선처럼 얇다.

나는 그 얇은 경계에, 나의 살아온 길을 얹었다.

그래서 이 발차기는 단순한 '차기'가 아니라, 질문이다.

"네 마음의 중심은 어디에 있는가?"

2. 고대의 발, 땅을 떠나다

인류가 발차기를 배운 것은 아마 돌도끼보다 빠를 것이다.

짐승을 쫓고, 적을 밀어내고, 벽을 부수기 위해 발은 늘 준비돼 있었다.

고대 병사들의 발차기는 거칠고 직선적이었다.

목표는 부러뜨리거나 밀어내는 것뿐이었다.

그러나 공권킥은 그 직선에서 벗어났다.

발끝은 직선으로 나가지만, 그 궤적은 원을 그린다.

마치 적을 베는 동시에 감싸는, 칼집 속의 칼날처럼.

3. 무림의 그림자 속에서

중국의 발차기는 넓고 부드러웠다.

일본의 발차기는 짧고 예리했다.

그러나 그 어느 것도 공권킥과 같지 않았다.

공권킥은 정통 무술의 발차기를 다 들여다보고, 그 틈새를 찾아냈다.

속도는 빠르되, 무게는 가볍다.

힘은 강하되, 부드럽다.

마치 달빛이 대나무 숲을 스치는 소리처럼, 부드러움 속에 뼈를 울리는 힘이 숨겨 있다.

4. 공권유술에서의 탄생

공권킥을 만든 날은 특별한 날이 아니었다.

오히려 그날은 평범했다.

하지만 그 평범한 날, 나는 한 가지를 깨달았다.

"발차기는 힘으로 하는 것이 아니라, 마음의 중심으로 한다."

상체를 세운 채, 정확히 관자놀이를 겨누는 찰나.

그 순간의 발끝은 무기이자 붓이었다.

상대를 쓰러뜨릴 수도, 정신을 깨울 수도 있었다.

처음에는 강준킥이란 이름으로 부르다가 이후 공권유술이 탄생하고부터 공권킥으로 이름을 바꾸었다.

5. "비어 있는 힘"

공권킥은 '비어 있음'에서 힘을 찾는다.

힘으로 찬 발차기는 부러뜨릴 수 있지만, 피할 수 있다.

그러나 비어 있는 발차기는 어디서든 나타난다.

속도가 빠른 이유는 무게를 덜어 냈기 때문이다.

무게를 덜어 낸 이유는, 언제든 멈출 수 있기 때문이다.

멈출 수 있는 발은 상대를 지배하고, 자신까지 지킨다.

6. 진화와 그 너머

오늘날 공권킥은 경기장에서, 도장에서, 심지어 영상 속에서도 전해진다.

그러나 진짜 공권킥은 기록에 남지 않는다.

그건 순간에 남는다.

발끝이 허공을 그은 순간, 맞은 자와 맞히지 않은 자 모두가 한 번쯤 자신의 중심을 돌아보게 만드는 것.

그것이 공권킥의 진짜 진화이자, 내가 남긴 발끝의 서명이다.

실전에서 공권킥이 쓰이는 4가지 타이밍

공권킥은 단순한 '상단 타격 기술'이 아니다.

이것은 실전에서 '흐름을 자르는 기술'이며 예상보다 훨씬 더 다양한 상황에서 활용된다.

· 타이밍 A: 상대가 스트레이트를 날릴 때
  - 펀치를 보고 반응하는 것이 아니라, 펀치가 나오기 직전 어깨 움직임에 맞춰 킥 전개
  - 상대는 아직 팔이 나오지 않았기에 방어하기 어렵다.

· 타이밍 B: 상대가 들어올 때
  - 스텝 인 하는 상대의 앞발을 읽고
  - 무릎을 먼저 들어 공간을 확보하고 킥 → 관자놀이 정타
  - 정확히 전진을 멈추는 타이밍에 킥 적중

· 타이밍 C: 상대가 클린치 시도할 때
  - 거리 조절 후, 상체 고정 → 제자리 킥
  - 상체가 숙여지는 대신, 중심은 유지 → 시선 유도 후 타격

· 타이밍 D: 상대가 킥 후 땅에 착지할 때
  - 착지 지점은 중심이 이동되며 시야가 흔들림
  - 그 순간, 발을 스냅처럼 사용해 빠르게 타격

이 기술은 무엇보다 '직선의 반응 속도'가 중요하다.

부드러운 타이밍이 아니라, 상대의 리듬을 거스르는 타이밍이어야 한다.

훈련 루틴 — 간섭을 설계하는 몸 만들기

훈련 항목	설명
중심 고정 킥 루틴	거울 앞에서 상체를 고정한 채, 1분간 킥 반복
발목 회전 훈련	발끝을 바깥으로 회전 → 뒤꿈치 들기 → 균형 유지
시선 유도 미트 훈련	팔의 방향을 다양하게 유도하면서 킥 정타 훈련
거리 제한 킥 루틴	한 발짝 안쪽에서 킥 타격, 발의 길이 정확히 측정
관자놀이 지정 루틴	타겟을 작게 설정(작은 패드 등) → 정확성 위주

훈련 메모 — 나는 정확한가, 아니면 강하려고만 하는가?

· 나는 킥을 '힘 있게' 하려다 중심을 무너뜨린 적이 있는가?

· 나는 상대의 리듬을 끊어 본 적이 있는가?

· 내 킥이 '과했다'고 느껴진 순간은 언제였나?

· 나는 정확성을 키우기 위해 무엇을 버려야 하는가?

공권킥이 바꾸는 태도 — 절제된 사람이 되는 훈련

공권킥을 익히는 동안, 수련생은 자신의 몸뿐 아니라 성격과 태도까지 달라지는 경험을 하게 된다.

왜냐하면 이 킥은 다음을 요구하기 때문이다.

· 과장된 움직임을 버려라
· 준비운동을 줄여라
· 중심을 낮추지 마라
· 조용히 찔러라
· 그리고 곧바로 멈춰라

이 다섯 가지는
결국 수련생을 '정직한 사람'으로 만든다.
겉으로 요란하지 않고, 조용하지만 빠르며, 작지만 정확한 사람.
공권킥은 기술이 아니다.
삶의 태도 그 자체다.

요약 문구

"공권킥은 힘의 예술이 아니라, 움직임의 생략이다.
아무것도 하지 않는 듯 보이지만, 이미 다 끝나 있다."

Chapter 8

핑거잽,
감정을 건드리는 것이 아니라
시야를 닫는 것이다

"How to Make a Knife Attacker Cry... Literally"

An opponent with a knife usually tries to stab toward the stomach.

Stretch your fingers and jab toward the opponent's eyes to distract them. A quick finger jab can interrupt their vision.

If the opponent is right – handed, they will place their right foot forward.

You should also keep your right foot forward for balance.

At the same time as the opponent attacks, grab their wrist to control the weapon hand.

눈과 칼 사이, 한 줄기 손끝의 윤리

이 그림은 단순히 상대의 눈을 찌르는 장면이 아니다. 이것은 '선택할 수 있는 눈'을 닫음으로써 폭력을 멈추게 만드는 정지의 기술이다. 오른손에는 칼을 든 상대가 빠르게 복부를 찌르려 할 때, 방어자는 시선을 똑바로 고정한 채 왼손으로 상대의 눈을 향해 정확하게 찌른다. 동시에 오른손은 상대의 손목을 잡고, 무게중심은 양발에 안정적으로 분산되어 있다.

손끝 하나로 상대의 시야를 닫는 순간, 상황의 흐름이 완전히 바뀐다. 이 기술은 살상도 아니고, 회피도 아니다. 그것은 '무기의 목적을 무효화'하는 절묘한 대응이다. 핑거잽은 육체를 찌르는 것이 아니라, 상대의 공격 의도를 닫아 버리는 기술이다.

눈은 감정을 보이지만, 기술은 감정을 멈춘다

사람은 두려움을 느낄 때, 눈을 크게 뜬다. 하지만 그 눈이 감기는 순간, 의도도 함께 닫힌다. 칼을 든 사람조차 눈을 찔리는 순간, 본능적으로 공격을 멈추게 된다. 핑거잽은 눈을 감게 만드는 기술이다. 하지만 그 본질은 '감정을 멈추게 만드는 힘'이다.

눈은 창이다. 그리고 그 창을 닫는 건, 도망이 아니라 제어다. 핑거잽은 누군가의 눈을 찌르기 위해서가 아니라, 누군가의 마음을 흔들기 위해 존재한다. 실제로 기술을 쓰는 순간, 상대가 눈을 감는 그 찰나의 틈이야말로 모든 반격과 통제가 시작되는 출발점이 된다.

기술의 철학 — '보이지 않음'은 곧 '멈춤'이다

칼을 든 자는 용기를 갖고 있는 게 아니다. 대부분은 공포를 이기기 위한 방어적 공격을 시도한다.

그 순간, 시야가 흔들리면 공격 의도 자체가 무너진다. 그래서 핑거잽은 단순한 눈 찌르기가 아니다.

그것은 상대의 공격 흐름을 분해하는 가장 빠르고 효율적인 방법이다.

핑거잽은 정확해야 한다. 중심이 무너지면 찌름은 의미가 없다. 또한 감정이 개입되면 폭력으로 변질된다.

손끝은 날카로워야 하지만, 마음은 무게를 두지 말아야 한다. 이 기술을 사용하는 사람은 반드시 찌르는 것이 목적이 아님을 인지해야 한다.

이 기술의 진짜 강점은, 생사가 달린 절체절명의 순간, 도망칠 수 있는 기회를 만들 수 있다는 것이다. 공격이 아니라 선택지의 복원, 그것이 진짜 핑거잽의 철학이다.

어느 날의 도장 이야기 ― "무기를 본다는 건, 죽음을 본다는 것"

세상에는 두 종류의 사람들이 있다.

칼을 보면 도망가는 사람과, 칼을 보면 잡으러 가는 사람. 그리고 가끔, 칼을 보면 생각이 멈추는 사람도 있다.

이 셋 중에 마지막 사람이 제일 위험하다.

칼날보다 멈춘 생각이 더 날카로울 때가 많으니까.

따끈한 쌀국수 한 그릇을 먹은 후 아이스 아메리카노는 포만감을 느끼기에 충분한 점심이다.

최금도 사범이 커피를 홀짝이며 물었다.

"관장님, 뉴스 봤어요?"

"뜬금없이 무슨 말이냐?"

"칼을 든 남자의 묻지마 칼부림으로 행인 3명이 목숨을 잃었다는 기사요."

빨대에서 호르르거리는 소리가 요란해도 금도는 아랑곳하지 않았다.

"그런 상황이면 어떻게 해야 하죠?"

금도가 나를 빤히 쳐다보며 물었다.

"너 같으면 어떻게 하겠어?"

"빼앗겠습니다."

어제부터 시작된 청문회의 국방부 장관의 대답처럼 그는 단호하게 말했다.

나는 고개를 저었다.

"네 목숨부터 빼앗기지 마."

나는 계속해서 말을 이어 갔다.

"눈앞에 칼이 보이면 손보다 심장이 먼저 놀라잖아? 그 심장이 놀란 틈을 타서, 네 몸이 멈추는 거야."

나는 수업 전 약간의 짬을 내서 '핑거잽'을 가르쳐 주었다.

핑거잽은 손가락을 브이 모양으로 해서 칼 든 손목을 낚아채며, 상대의 눈을 향해 손가락을 찌르는 기술. 그게 전부다.

칼이랑 싸운다는 건 원래 그 정도로 단순해야 한다.

칼하고 말다툼해 봤자, 칼은 대답도 안 하니까.

시범을 보이는 중에 금도가 말했다.

"관장님… 이러다가 상대가 눈이 멀면 어떡합니까?"

"이 녀석아. 상대는 나의 생명을 빼앗기 위해 칼을 들고 지금 막 찌르려고 하는데 너는 상대가 다칠까 봐 걱정하는 거냐?"

나는 그의 생각이 왜 잘못되었는지 설명하기 시작했다.

"이건 폭력이 아니야. 버튼 누르는 거랑 똑같아. 다만 이 버튼은, 누르면 사람의 공격을 꺼 버리는 버튼이지."

사람들은 착각한다.

호신술은 나를 보호하는 기술이지 칼 든 사람을 보호하는 기술이 아니다.

"단 한 번의 실수면 끝이다."

나는 아메리카노 한 모금으로 입을 축이고는 계속해서 말을 이어 나 갔다.

"칼에 찔리면… 네 계획, 네 꿈, 네 점심 메뉴까지도 거기서 멈춰."

손가락은 원래 코를 후비거나 글씨를 쓰는 도구지만, 그날만큼은 금 도의 손가락이 칼보다 날카로웠다.

몇 번의 연습 끝에 금도의 핑거잽 속도가 놀랄 만큼 빨라졌다.

아마 마음속에서 이미 칼 든 사람의 눈을 몇 번쯤은 찔러 본 듯싶다.

상대가 칼을 들고 찌르려고 순간을 본다는 건, 죽음을 본다는 거다.

그리고 죽음을 본 순간, 살아남기로 결심하는 것.

그게 호신술의 시작이다.

핑거잽 무술의 역사와 진화

1. 바람을 찌르는 손가락

핑거잽이라는 말에는 이미 작은 비밀이 들어 있다.

손가락이란 본디 부드러운 도구다. 악기를 켜고, 연인의 머리칼을 쓸 고, 빵 조각을 뜯는 것에나 쓰였다.

그러나 누군가의 눈을 겨누는 순간, 손가락은 인류가 가진 가장 가볍 고 가장 잔혹한 창이 된다.

핑거잽은 칼보다 느리고, 총보다 약하지만, 단 한 번 맞으면 세상은 사라진다.

그 순간, 적은 눈을 감고 어둠 속으로 걸어 들어간다.

2. 고대의 그림자 속에서

핑거잽의 시작은 문헌보다 오래됐다.

고대 사냥꾼들은 창을 잃었을 때 손가락으로 짐승의 눈을 찔렀다.

전쟁터의 병사들도 칼과 방패를 놓친 순간, 눈을 찌르는 짧은 손끝으로 전세를 뒤집었다.

그 기술엔 이름도, 장식도 없었다.

다만 '살아남는 방법'이라는 한 문장만이 손끝의 기억으로 남았다.

3. 무림의 밀어 속에서

중국 무림에서는 핑거잽을 '일지첨(一指尖)'이라 불렀다.

한 가닥의 바늘처럼 정확히, 눈이나 목의 급소를 꿰뚫었다.

이 기술은 무협소설 속에서조차 자주 등장하지 않았다.

너무 치명적이어서, 너무 비밀스러워서.

그 시대의 고수들은 핑거잽을 시범으로 보여 주지 않았다.

대신, 전투 중 단 한 번의 기회에 모든 힘을 실어 날렸다.

4. 근대 무술의 부활

20세기 초, 서양 격투가와 동양 무술가가 서로를 시험하던 시절.

핑거잽은 링 위에서 공식적으로 허용되지 않았다.

그러나 실전 호신술, 특히 군용 근접전 교본에는 여전히 살아 있었다.

브루스 리는 윙춘의 손기술과 스트리트 파이팅 감각을 결합해 '핑거잽'을 재해석했다.

그의 손끝은 주먹보다 빨랐고, 한 번의 찌름이 상대의 공격 의지를 빼앗았다.

5. 공권유술에서의 진화

내가 처음 집필한 『싸움에서 무조건 이기는 방법』이 종전의 히트를 치면서 베스트셀러가 되었다.

세 번째 챕터의 제목이 「눈을 찌르면 코끼리도 쓰러진다」였다.

여기에 수록된 내용이 바로 핑거잽이다.

나는 핑거잽을 '살상의 기술'에서 '결심의 기술'로 바꿨다.

나의 핑거잽은 단순히 눈을 찌르지 않는다.

위협을 제압하고, 상대가 공격을 멈추게 만드는 심리적 단절을 만들어 낸다.

손끝의 목표는 뼈와 살이 아니라, 상대의 의지다.

브루스 리는 나이프 디펜스 기술 속에 핑거잽을 녹여 넣어, 날카로운 칼날을 가진 자조차 한발 물러서게 해야 한다는 확신을 가지고 있다.

"가벼움 속의 무게"

핑거잽은 힘으로 하는 기술이 아니다.

손가락 하나가 전신의 균형과 호흡, 의지를 싣고 나간다.

속도가 생명을 살리고, 정확도가 역사를 만든다.

잘못된 핑거잽은 그냥 손짓이지만, 완벽한 핑거잽은 세상의 흐름을 바꾼다.

기술적 해부 ― 시야를 닫고, 경로를 제어하라

기술 요소	설명
손끝의 정렬	손은 펴고, 중지와 검지가 상대의 눈을 향해 전진해야 함
무게중심	무게는 뒷발에 실어 흔들리지 않도록 함
손목 제어 위치	칼날이 아닌 손목을 잡아야 컨트롤 가능
타이밍	상대가 칼을 들고 들어오는 순간 동시에 반응해야 함
시선의 방향	상대의 눈과 손을 동시에 보는 이중 시선 확보

기술은 단순하다. 하지만 찰나의 반응 속도와 감정 억제력이 함께 작동되어야 한다. 빠르다고 강한 게 아니다. 정확하다고 안전한 것도 아니다. 그 둘 사이의 균형이 핑거잽의 생존율을 결정한다.

실전 전술 ─ 가장 먼저 닫아야 할 것은, 상대의 시야다

실전에서 핑거잽은 단독 기술이 아니다.

그것은 상황을 탈출하거나 다음 기술로 연결하기 위한 전술적 브리지다.

아래는 실전 적용 시 대표 시나리오다.

· 시나리오 A: 좁은 골목에서 칼을 들고 접근하는 상대
  - 오른손이 나올 때 동시에 눈 찌르기 → 손목 제어 후 바로 공격

· 시나리오 B: 말다툼 후 칼을 막 꺼내려는 상황
  - 긴장도 높음 → 강력한 라이트 훅 또는 스트레이트 펀치 → 심리적 틈 생성

· 시나리오 C: 막다른 골목 칼을 든 상대가 막 찌르려는 순간
  - 칼 쥔 손목 제어 → 반대 손으로 눈 찌르기 → 도주로 확보

팁

· 시야를 닫은 후엔 말로 위협하지 말고, 즉시 거리 확보에 집중할 것
· 정면보다는 아래에서 위로 향하는 각도로 찌르는 것이 정확도와 안전 모두 확보 가능

마음의 훈련 — 찌르기보다 중요한 건, 멈춤의 마음이다

핑거잽은 눈을 찌르는 기술이지만, 진짜 중요한 건 '찌르지 않고도 위협을 멈추게 할 수 있는가'이다.

무술이란 결국 사람을 살리는 기술이어야 한다. 핑거잽은 그 상징적인 출발점이다. 이 기술을 제대로 이해한 사람은, 누군가의 눈을 공격하기 전에 상대의 감정을 먼저 읽을 줄 안다.

훈련 루틴 — 눈을 찌르기 전, 마음을 들여다보라

훈련 항목	설명
거리 조절	눈 찌르기용 손가락을 벽에서 1cm 앞에서 멈춘다.
반응 속도 트레이닝	파트너가 공격 모션을 줄 때 동시에 손끝을 전진시킨다.
손목 제어 + 시선 유지	손목 잡기와 동시에 시선을 유지하며 공격한다.
정확도	구멍 두 개를 뚫은 골판지에 손가락 두 개를 넣었다 빼기를 반복한다.
손가락의 힘	다섯 손가락으로 팔굽혀펴기, 세 손가락 그리고 두 손가락으로 점점 줄여 가며 연습한다.

요약 문구

"핑거잽은 눈을 찌르는 기술이 아니다.
결정의 흐름을 닫는 기술이다. 누군가의 눈을 감게 만든다면,
그건 두려움이 아니라 생존의 설계가 되어야 한다."

Chapter 9

팔을 꺾는다는 건,
결국 사람의 결정을
꺾는 일이다

"Tap or Snap? Choose Wisely!"

Put your weight behind you and apply pressure on your opponent.

Lower your left hand and raise your right hand.

Finish the submission from the side position.
Keep extending until the opponent's arm is fully locked
and cannot move further.

– Be careful, because if you lose control,
the opponent can take your back.

정지된 기술, 움직이는 판단

이 그림은 서브미션 장면을 넘어서 인간의 선택에 대해 묻는다.

상대의 팔은 위협당하고 있고, 관절은 아직 꺾이지 않았지만, 압박의 방향은 명확하다. 중심은 상대의 팔꿈치에 정확히 실려 있고, 다리는 얼굴과 몸통을 제어하며 상대의 도망 경로를 차단한다. 공격자는 숨도 쉬지 않고 정밀하게 포지션을 유지하고 있다. 하지만 이 기술의 진짜 핵심은 물리적인 동작이 아니라 '심리적 설계'다.

상대는 곧 두 가지 중 하나를 선택해야 한다. 탭을 치거나, 뼈를 내어주거나. 그 순간, 기술은 단순한 운동이 아닌, 결정의 통로가 된다.

이 그림은 결정의 장면이다.

팔을 꺾는다는 것은 단순히 뼈를 부러뜨리는 행위가 아니다. 그것은 상대에게 '멈출 수 있는 기회'를 제공하는 설계된 폭력이며, 이를 통해 두 사람 모두에게 책임의 무게가 전달된다.

팔을 꺾는다는 것의 진짜 의미

세상에는 세 가지 팔이 있다.

남의 팔, 내 팔, 그리고 꺾을 수 있는 팔.

이 셋 중에서 제일 조심해야 할 건 꺾을 수 있는 팔이다.

왜냐하면, 그건 꺾을 수도 있고 안 꺾을 수도 있기 때문이다.

인간이란 손해를 보더라도 하고 싶은 것은 하는 동물이라, 할 수 있다는 건 곧 하고 싶다는 뜻이 되기도 하니까.

저녁 9시 클라스 와술 스파링으로 도장 안은 뜨거웠다.

오늘따라 유난히 관원들이 많이 참석해서 매트는 발 디딜 틈이 없었다.

한창 스파링이 무르익을 무렵 동화가 다가왔다.

"관장님… 만약 상대가 탭을 안 치면… 진짜 꺾어도 됩니까?"

그의 말투는 전쟁터로 이제 막 출발하는 이등병의 비장한 각오를 앞둔 사람 같았다.

나는 그를 도복 앞에 세우고 그의 손을 잡았다.

"천천히, 아주 천천히."

부드러운 어조로 말을 이었다.

"동화야, 팔을 꺾는다는 건 부상을 감수해야 하는 모험이 아니야. 그 사람한테 '그래, 여기서 멈추자' 하고 선택권을 주는 거야. 강제로 엔딩을 쓰는 게 아니라, 페이지를 넘길 기회를 주는 거라고."

동화는 고개를 끄덕였다.

그날 스파링에서 동화는 절대로 탭을 안 치는 상대를 만났다.

잠깐 힘이 들어가더니, 갑자기 그를 놓았다.

"왜 풀었어?" 내가 물었다.

"저 아저씨가 내가 봐주면서 하는 것을 몰라요. 나를 힘으로 이기고 있다고 생각하고 있어요."

나를 힘으로 이기고 있다고 생각해서 기술을 풀어 주었다는 말.

그 대답이, 묘하게 내 심장을 건드렸다.

힘을 빼는 데도 용기가 필요하다는 걸, 스승보다 제자가 먼저 말해 준 셈이었다.

그날 이후 동화는 더욱 부드럽고 유연하게 스파링을 해 나갔다.

그의 말이 걸작이었다.

"꺾지 않기 위해서, 완벽하게 꺾는 법을 배우겠습니다."

그건 꼭 칼을 쥔 사람이 '베지 않으려면 칼을 자유자재로 다뤄야 한다'고 말하는 것과 같았다.

사람들은 팔을 꺾는 걸 폭력이라고 생각한다. 하지만 진짜 폭력은, 항복을 하려고 해도 선택권을 주지 않는 거다.

유술에서 '멈춤'은 기술을 넘어서는 철학이다.

"네가 그 철학을 모르면, 너는 단지 관절을 부수는 기계가 된다."

동화는 언젠가 그 기술로 누군가를 부술 수도 있다.

하지만 그날이 오더라도, 그는 아마 꺾기 전에 상대에게 묻고 있을 거다.

"멈출래, 아니면 계속 갈래?"

그리고 그 질문 속에는, 세상에서 가장 무서운 경고가 숨어 있다.

동화는 안다. 그게 바로 진짜 강함이니까.

기술의 철학 ― 파괴보다 정지

팔십자꺾기는 무력한 사람을 부수는 기술이 아니다. 오히려 상대에게 "지금 멈춰야 한다"는 강력한 설득이다.

이 기술은 빠름으로 완성되지 않는다. 멈출 수 있는 속도, 멈출 수 있는 각도, 멈출 수 있는 중심으로 만들어진다.

진짜 무도가는 상대가 탭을 치지 않아도, 꺾기 직전에 멈출 수 있다. '할 수 있음에도 하지 않는 능력', 그것이 진정한 강자의 윤리다. 이 윤리는 실전에서도, 일상에서도 적용된다.

타인을 꺾는 기술을 가진 자는, 그만큼 더 섬세하게 멈출 줄 아는 마음을 가져야 한다.

이 기술은 단순한 굴복의 수단이 아니라, 상대를 존중하는 방법이다. "네가 여기서 멈춘다면, 나는 꺾지 않겠다." 이 메시지는 공권유술이라는 기술이 단순한 힘겨루기를 넘어서 인격과 철학의 단련이 될 수 있음을 보여 준다.

심지어 이 철학은 인간관계에도 적용된다. 어떤 말이나 행동도 누군가를 꺾을 수 있다. 하지만 정말 강한 사람은 그 행동을 조절할 줄 안다. 그 순간, 공권유술은 단순한 무술이 아닌 삶의 태도로 확장된다.

칠리안(七里引) ― 팔십자꺾기의 역사와 진화

칠리안이라는 이름은, 오래된 무협지 속에서도 쉽게 찾기 힘든 냄새를 풍긴다.

칠리(七里), 일곱 리의 거리. 그리고 인(引), 끌어당긴다는 뜻.

옛날 무림에는 팔을 걸어 잠그면 상대를 일곱 리나 끌고 갈 수 있는 괴물이 있었다 한다. 살아 있는 사람을 붙잡아, 고통과 수치, 그리고 포기까지 한 뼘 한 뼘 늘려 가며, 결국에는 스스로 무릎을 꿇게 만들었는데 그것이 바로 칠리안이었다.

1. 전장의 냄새

고대 전쟁터에서 칠리안은 살육의 언어였다. 칼과 창이 부러진 병사는, 마지막 남은 무기로 팔을 걸었다. 그 팔은 단순한 사지가 아니었다. 그것은 상대의 운명을 틀어쥐는 밧줄이었고, 그 순간부터 팔꿈치와 어깨의 운명은 병사의 손목에 종속됐다. 싸움은 멈추지 않았다. 다만, 목숨이 달린 소리를 들으며 몸이 서서히 무너질 뿐이었다.

2. 무림의 그림자

중국 무림에서는 '팔쇄(八鎖)'라 하여, 여덟 가지 관절 잠금 중 하나로 칠리안을 기록했다. 이 기술은 화려한 시범 속에서는 좀처럼 드러나지 않았다. 허나, 뒷골목의 결투나 생사를 가르는 대결에서는 언제나 그곳에 있었다. 상대의 팔을 자신의 허벅지 위에 올리고, 손목과 팔꿈치를 분리하듯 눌러 내리면, 뼈마디는 마치 대나무 껍질처럼 갈라졌다. 소리는 크지 않았다. 그러나 그 소리를 들은 사람은 평생 잊지 못했다.

3. 스포츠의 틈새

20세기 들어 칠리안은 새로운 이름을 얻었다. '암바'. 유도, 주짓수, 삼보, 종합격투기에서 이 기술은 다시금 부활했다. 하지만 스포츠 속 암바는 고대 칠리안과는 조금 달랐다. 그것은 죽이는 기술이 아니라 '탭'을 받는 기술이었다. 다만, 원리는 변하지 않았다. 팔을 펴는 순간, 관절은 도망칠 길을 잃었다. 이때 손목을 잡는 힘, 허벅지를 조이는 압박, 그리고 골반으로 팔꿈치를 쪼개는 타이밍이 모든 것을 결정했다.

4. 공권유술의 팔십자꺾기

공권유술에서는 이 기술이 '팔십자꺾기'로 재탄생했다. 공권유술의 팔십자꺾기는 단순히 팔꿈치를 펴서 꺾는 것이 아니었다. 전환이 빠르고, 연결이 자유로웠다. 테이크다운 이후, 흐름 속에서 자연스럽게 팔을 빼앗아 자신의 중심축 위에 올렸다. 그리고 마치 붓으로 마지막 획을 긋듯, 정확히 팔꿈치의 각도를 무너뜨렸다. 기술이 들어가는 순간, 상대는 '탈출'이라는 선택지를 영영 잃었다.

5. 철학으로서의 칠리안

칠리안은 뼈를 부수는 기술이 아니다. 그것은 상대의 가능성을 부수는 기술이다. 잡히기 전에는 백 가지 탈출 방법을 생각하지만, 팔이 걸린 순간, 그 모든 길은 봉쇄된다. 칠리안의 무서움은 그 절망에 있다.

칠리안, 혹은 팔십자꺾기는 시대와 장소를 넘나들며 형태를 바꿔 왔다. 그러나 본질은 변하지 않았다. 팔 하나로 사람을 제압하는 기술이 아니라, 팔 하나로 사람의 의지를 꺾는 기술. 그것이 칠리안의 역사이고, 공권유술의 팔십자꺾기가 품은 철학이다.

구조적 해설 ─ 꺾지 않고도 꺾는 힘

구성 요소	설명
팔의 위치	상대의 팔꿈치 밑에 위치시켜서 지렛대 원리로 효율적 레버리지 가능
다리 포지션	사이드 포지션으로 오른쪽 허벅지를 바닥에 밀착, 다른 다리는 균형을 유지
손목 그립	손으로 쥐는 게 아니라, 감싸듯 고정해 미끄럼 방지
체중 이동	상체를 약간 뒤로 당기며 팔꿈치 압박 각도 형성
마무리 타이밍	상대가 저항하며 팔을 빼려고 할 때, 서서히 압박해 탭을 유도

팔십자꺾기의 핵심은 '정확한 정렬'이다.

팔꿈치와 골반의 중심이 일치하지 않으면, 압박은 분산되고 효과가 사라진다. 하체는 단순히 다리를 걸치는 것이 아니라, 상대의 탈출 경로를 모두 차단하며 '사다리'처럼 구조를 고정해야 한다.

기술은 단순하다. 하지만 그것을 사용하는 자의 마음은 단순해서는 안 된다. 상대의 움직임을 읽고, 반응을 기다리며, 필요한 만큼만 힘을 가하는 섬세함이야말로 고수의 조건이다.

초보자 훈련 루틴 ─ 꺾지 않는 힘을 훈련하라

루틴 항목	설명
팔꿈치 라인 정렬 훈련	파트너 팔을 기준으로 골반에 정확히 위치시키는 감각 훈련
감속 압박 연습	3초에 한 번씩 천천히 압박하며 탭 유도 연습
상대 시선 관찰 훈련	기술 중 상대의 얼굴, 호흡, 긴장도 관찰하기
멈춤 훈련	탭 전에 멈추고 상대와 아이컨텍 후 기술 해제
기술 전 심호흡 루틴	기술 시작 전 3초간 심호흡하며 감정 안정

이 루틴들은 단순히 기술의 완성도를 높이기 위함이 아니라, 감정의 완성도를 기르기 위한 것이다. 꺾을 수 있는 순간에 '멈출 수 있는가'를 연습하는 이 루틴이야말로, 진짜 실전 준비다. 상대를 다치게 하지 않는 것이야말로 무도인의 본질이기 때문이다.

실전 전술 ─ 꺾기 전에 끝낸다

팔십자꺾기는 상대가 회복을 시도하는 타이밍에 들어가야 한다. 특히 사이드 마운트에서 상대가 팔로 밀쳐 낼 때, 또는 브리지로 틈을 만들 때 팔을 뽑아내는 타이밍이 온다. 실전에서는 상대가 탭을 치지 않을 수도 있다. 그래서 더 정확한 컨트롤과 심리적 압박이 필요하다.

전술 팁

· 상대 팔을 붙잡기 전, 그 팔이 '도망칠 수 없는 각도'인지 확인하라
· 꺾지 말고, 그 자리에 '붙잡힌 느낌'을 주는 것이 먼저다
· 상대의 표정, 미세한 근육 떨림, 호흡의 변화가 신호다

기술의 완성은 타이밍에서 결정된다. 아무리 정확한 자세라도 상대가 여유를 갖는다면 효과는 떨어진다. 반대로, 심리적으로 '벗어날 수 없다'는 느낌을 먼저 주면, 탭은 기술 이전에 유도된다. 이 기술은 상황을 지배하는 수단이 아니라, 대화의 끝을 선언하는 방식이어야 한다.

어느 날의 수련일지

수련생 하나가 고백했다.

그는 스파링 중 상대의 팔을 꺾어서 상대방이 부상을 입었는데 그 이후로 사람들은 자기와의 스파링을 피하는 눈치였다는 것이다.

나는 그에게 어떻게 하다가 파트너에게 부상을 입혔는지 그 이유를 물었다.

"기술이 완벽하게 걸렸는데도 상대가 탭을 치지 않아서요. 탭을 받아내기 위해서 힘을 줬는데 부상을 입었나 봐요. 저에게 성질을 내면서 소리를 질러 당황했습니다."

나는 그에게 말했다.

"기술은 상대의 몸을 꺾는 것이 아니라, '심리적 설득의 절정'을 만들어야 한다. 그 절정에서 상대가 스스로 멈추게 하는 것, 그것이 유술의 목표다. 탭을 받아 내는 것이 아니라, '탭할 수밖에 없는 상황을 만들어 주는 것'. 그 과정이 곧 무도다.

진정한 강자는 탭을 받아 내는 것보다, 상대의 존엄을 지키면서 이기는 사람이다."

라고 말해 주었다.

탭보다 진한 후회

고요는 바람이 없는 호수처럼 평화로울 수도 있지만, 때로는 비가 오기 직전의 눅눅한 공기처럼 사람을 불안하게 만든다.

오늘 도장의 훈련 분위기가 그러했다.

동환이가 다가왔다.

"정말 짜증이 납니다."

그는 스파링 중 상대의 팔을 꺾어서 부상을 입었는데 그 이후로 사람들은 자기와의 스파링을 피하는 눈치였다는 것이다.

나는 그에게 어떻게 하다가 파트너에게 부상을 입혔는지 그 이유를 물었다.

"기술이 완벽하게 걸렸는데도 상대가 탭을 치지 않아요."

"그래서?"

"탭을 받아내기 위해서 힘을 줬는데 뚝 소리가 났습니다."

"그래서?"

"별거 아닌 것 같았는데 팔을 잡고 소리를 지르면서 신경질을 내지럽니까?"

동환이는 자신에게는 잘못이 없다는 것을 어필하고 있었다.

상대가 부상을 입었다면 어째서 좀더 일찍 탭을 치지 않았냐는 것이었고 그것은 자신이 지기 싫어하는 승부욕 때문에 생긴 부상이라는 것이다.

"어때서 자신이 탭을 치지 않고 나에게 신경질을 부리고 원망을 합니까?"

그의 말에 나는 반문했다.

"탭을 조금 늦게 쳤다는 이유로 부상을 입는다면 그거야 말로 얼마나 억울하겠는가?"

투덜거리며 씩씩 거리는 그에게 나는 다음과 같이 설명했다.

우리가 격투기를 하다보면 크고 작은 부상을 입을 수가 있다. 하지만 스스로 혼자 입은 부상과 상대와 함께 훈련하며 입은 부상은 차이가 있다.

스파링은 상대를 제압하여 이기는 것이 목적이 아니라 서로의 실력을 향상 시키기 위해서 가상의 실전대련을 하는 것이다.

주짓수 스파링도 마찬가지인데 상대의 팔을 꺾어서 제압을 하는 것이 목적이 아니라, '심리적 설득의 절정'을 만들어야 한다.

그 절정에서 상대가 스스로 멈추게 하는 것, 그것이 유술의 목표다. 탭을 받아내는 것이 아니라, '탭할 수밖에 없는 상황을 만들어주는 것'. 그 과정이 곧 공권유술의 철학이다.

스파링은 단지 연습이고 자신의 기술이 상대에게 통하는지를 실험하는 일종의 훈련방법에 지나지 않는다.

동환이는 고개를 끄덕였지만 여전히 납득할 수 없다는 표정을 지었다.

요약 문구

"팔을 꺾는 건 기술이다.
하지만 꺾지 않고 멈추게 하는 건 철학이다."

Chapter 10

타이밍은
싸움의 감각이며,
본능의 철학이다

"Interceptor Push Kick"
When Timing Becomes Your Weapon

Use your lead leg to stop their motion.

Put your hands up to protect your face.

1. Timing :
Wait for the opponent to start their high kick, then drive forward explosively.

2. Impact: Push your foot into their thigh or lower belly to break their balance.

3. Follow - up : Push strongly to send them stumbling backward.

정지된 충돌, 시간 속으로 들어가는 발끝

이 그림을 처음 마주했을 때, 가장 먼저 느껴지는 것은 '정적'이다.

하지만 이 정적은 단순한 멈춤이 아니다.

움직임 직전의 팽팽한 긴장, 파열 직전의 고요, 충돌 속으로 들어가는 타이밍의 미학이 담겨 있다.

공격자는 오른발을 전방으로 밀어내고 있다.

표정은 평온하고, 자세는 단단하다.

그 발은 단순한 찌르기가 아니라, 상대의 중심과 리듬, 그리고 공격의 출발점을 꿰뚫는 반응이다.

그리고 무엇보다 중요한 건, 발이 움직이기 시작한 시점이다.

그건 상대가 하이킥을 준비하는 '찰나의 여백'이었다.

이 그림은 말한다.

"힘이 이긴 게 아니다. 더 빠른 사람이 이긴 것도 아니다. 올바른 타이밍을 가진 사람이 모든 것을 통제했다."

Interceptor Push Kick ― 그건 타이밍이라는 무형의 무기를 형태로 구현해 낸 전술의 결정체다.

"타이밍은 눈이 아니라 감각으로 본다"

많은 사람들은 타이밍을 '빨리 반응하는 능력'이라 생각한다.

하지만 그것은 표면적인 정의에 불과하다.

실제로 실전에서 중요한 건 '빠름'이 아니라, '미리 보기'다.

타이밍이란

· 상대의 습관을 읽고

· 공격의 리듬을 관찰하며

· 동작이 '완성되기 전의 틈'을 겨냥하는 것이다.

Interceptor Push Kick은 상대가 하이킥을 들기 전, 그 동작이 시작되려는 '의도'를 읽는 킥이다.

타이밍은 리듬을 끊는 선택이다.

빠르다고 이기지 않는다.

미리 움직이는 자가 지배한다.

나는 가르칠 때 자주 이렇게 말한다.

"타이밍은 보는 게 아니라, 리듬을 감각하는 거야."

"상대의 움직임을 계산해야 그 안의 빈틈이 보인다."

이 그림의 킥은 바로 그 감각의 직선이다.

발끝에서 시작된 긴 이야기

푸쉬킥이라는 단어는, 어쩌면 길 위의 돌멩이처럼 평범하게 들릴지도 모른다. 하지만 그 발끝이 닿는 순간, 이야기는 전혀 다른 방향으로 흘러간다.

누군가의 숨을 잠시 멈추게 하고, 계획을 무너뜨리며, 심지어 마음속에 숨어 있던 겁을 끄집어내는 것.

푸쉬킥은 단순한 발차기가 아니라, 의지의 거리 두기였다.

1. 먼지 속의 기원

푸쉬킥의 뿌리는 고대 전쟁터의 흙바람 속에서 피어났다. 칼과 창이 부러지고, 방패마저 잃은 병사들은 발로 거리를 만들었다.

발바닥이 갑옷에 부딪히며 덜컥거리는 소리, 그 순간이 생존과 패배를 가르는 마지막 경계였다. 누군가는 그것을 '앞차기'라 불렀고, 누군가는 그저 '밀어내기'라 불렀다.

이름 따위는 중요하지 않았다. 발이 닿는 순간, 상대의 심장이 잠깐 멈추는 것, 그것이 목적이었다.

2. 무림의 입구

중국 무술에서는 푸쉬킥을 '정퇴(頂腿)'나 '정척(頂蹴)'이라 불렀다.
발끝이 아닌 발바닥과 뒤꿈치를 사용해 상대를 밀어내는 기술.

주먹을 뻗기 전, 혹은 칼날이 오기 전에 거리를 만들기 위해 쓰였다.

일본 가라테와 오키나와 무술에서는 '마에 게리'라는 이름으로 자리 잡았다. 그러나 여기에도 차이가 있었다.

마에 게리는 뻗어 차는 '공격'이었지만, 푸쉬킥은 밀어내는 '거리 유지'였다.

3. 링 위의 재탄생

20세기 무에타이 경기장에서 푸쉬킥은 새로운 이름을 얻었다. '텝 (Teep)'. 태국 선수들은 이 발차기를 단순한 방어 기술이 아니라, 경기의 흐름을 지배하는 지휘봉으로 썼다.

상대의 공격 타이밍을 무너뜨리고, 심장을 찌르듯 호흡을 끊으며, 그 틈에 자신이 원하는 거리를 만든다.

한번 제대로 맞으면, 단순히 밀려나는 것이 아니라 자신감까지 뒤로 밀려난다.

4. 공권유술의 푸쉬킥

공권유술에서의 푸쉬킥은 조금 더 영악하다.

공권유술에서 이 기술을 단순히 밀어내는 도구가 아니라, 전투의 문을 여닫는 손잡이로 재해석했다. 상대가 들어오려는 찰나, 발은 이미 그의 복부나 골반을 미세하게 밀어 올린다. 때로는 중심을 깨뜨려 테이크다운으로 연결되고, 때로는 호흡을 끊어 연속 타격으로 이어진다. 무엇보다도, 이 푸쉬킥은 힘이 아니라 각도와 타이밍으로 승부한다.

5. 철학으로서의 푸쉬킥

푸쉬킥은 때리고 부수는 기술이 아니다. 오히려 멀리하기 위한 기술이다.

무술에서의 거리란, 단순히 공간이 아니라 생존의 시간이다.

30센티미터의 거리 차이가, 목숨을 지킬 수도, 전투를 끝낼 수도 있다.

푸쉬킥은 그 시간을 벌어 준다. 그래서 고수일수록 푸쉬킥을 자주 쓴다.

상대를 죽이지 않으면서도, 자신이 살 수 있는 길을 확보하는 것.

그것이야말로 진정한 무술가의 품격이다.

기술 해체 ─ 인터셉터 푸쉬킥의 구성 요소

이 기술은 단순한 프런트 킥(front kick)이다.

하지만 일반적으로 앞으로 차올리는 앞차기와는 많은 차이가 있다.

왜냐하면 상대의 동작을 끊어 내고 흐름을 무너뜨리는 방어형 카운터 공격이기 때문이다.

즉, 차는 동시에 지키고, 지키면서 밀어내는 기술이다.

요소	설명
타이밍	상대의 하이킥 '모션이 시작되려는' 순간을 감지해야 한다. 킥이 뜬 후가 아니라, 들리기 직전에 터뜨린다.
임팩트 지점	상대의 앞 허벅지 또는 하복부를 노린다. 절대 상단을 노리지 않는다. 무게중심이 몰리는 부위를 노려야 한다.
팔의 위치	양손은 얼굴을 보호하는 높이에 두고, 어깨의 긴장을 빼서 중심이 쏠리지 않게 해야 한다.
발끝 각도	발등이 아닌, 발끝 또는 발바닥 전체로 밀어야 한다. 중심을 분산시키는 게 아니라 꿰뚫는 느낌으로 푸쉬한다.
지면 반발력	뒷발은 뒤로 튕기기보다는 수직으로 눌러 준다. 그래야 밀리는 게 아니라 박히는 힘이 생긴다.
후속 연결	밀어낸 후 백스텝 or 로우킥, 또는 클린치 시도까지 이어질 수 있도록 시선과 중심을 앞으로 유지해야 한다.

이 기술은 킥이라기보다는 '시간을 밀어내는 동작'이다.

상대의 공격 타이밍을 끊고, 자신의 타이밍으로 재설정하는 권한을 가져오는 킥이다.

타이밍 무술의 역사와 진화

푸쉬킥은 단지 현대 격투기에서 만들어진 기술이 아니다.

그 뿌리는 오래전 무기 없는 자들이 자신보다 큰 자를 멈추기 위한 수단으로 발전시킨 '타이밍 중심 무술'에 가깝다.

고대 태국의 무에타이에는 상대의 돌진을 막기 위한 '침 투어'(front thrust kick)가 있었다.

중국의 권법에도 '지압퇴'(pressing kick)처럼 상대의 리듬을 끊는 발차기가 존재했다.

일본의 가라테도 '게단 게리'(낮은 찌르기 킥)를 통해 상대의 스텝을 멈추는 목적으로 푸쉬킥을 사용했다.

그러나 오늘날 우리가 푸쉬킥에서 잊고 있는 것이 하나 있다.

그건 '반응'이 아니라 '의도'를 멈추는 기술이라는 점이다.

· 단순히 거리를 벌리는 기술이 아니라
· 상대의 전략 전체를 무효화시키는 '정지' 역할

그렇기 때문에 푸쉬킥은 단순한 발차기보다 더 오래 살아남았다.

그건 시간을 읽는 사람의 무기이기 때문이다.

기술은 언제든 바뀌지만, 타이밍의 철학은 영원하다.

푸쉬킥은 방어 무기가 아니다

많은 이들이 푸쉬킥을 '방어 기술'이라 여긴다.

하지만 그것은 절반만 맞는 말이다.

정확히 말하면, 푸쉬킥은 가장 공격적인 방어다.

왜 그런가?

푸쉬킥은 다음과 같은 효과를 동시에 갖는다.

① 상대의 의도를 무너뜨린다

② 타격을 준비하는 리듬을 끊고, 상대를 다시 '기초 자세'로 되돌려 놓는다

③ 중심을 파괴한다

④ 단순히 밀어내는 게 아니라, 체중이 쏠려 있는 부위를 무너뜨린다

⑤ 시야를 지배한다

⑥ 정면에서 밀리는 순간, 시야는 순간적으로 닫히고

⑦ 그 순간부터 싸움은 '상대가 아니라 내 흐름'으로 바뀐다

실제로 나는 스파링 중 상대가 공격적으로 나올 때, 잽보다 먼저 푸쉬킥으로 시야를 흔든다.

그러면 상대는 본능적으로 '다시 세팅'을 한다.

그 0.5초가 내 모든 기술을 준비할 수 있는 시간이 된다.

그래서 나는 이렇게 말한다.

"푸쉬킥은 밀어내는 기술이 아니라, 싸움의 속도를 리셋하는 기술이다."

실패한 타이밍이 가르쳐 주는 것

한번은 서주연 사범이 푸쉬킥 타이밍을 계속 놓치고 있었다.

상대가 킥을 찰 때마다 늦었고, 오히려 당했다.

그녀는 낙심한 듯 말했다.

"관장님, 타이밍은 재능인 것 같아요. 저는 도저히 안 맞아요."

나는 그 말을 들으며 대답했다.

"타이밍은 재능이 아니라, 실패를 받아들이는 기술이야."

그녀는 의아해했다.

그래서 나는 이렇게 덧붙였다.

"맞히려 하지 마. 틀릴 준비를 해. 그리고 그 '틀림'을 수십 번 반복하다 보면, 어느 순간 '지금이다'라는 감각이 온다."

서 사범은 한동안 무작정 찼다.

타이밍이 틀리든 말든, 모든 타격 전에 발을 뻗었다.

그 과정에서 그녀는 '틀리는 패턴'을 인식하기 시작했다.

자신의 실수가 왜 나왔는지를 관찰하고, 습관적인 반응을 고쳐 나갔다.

몇 달 뒤, 그녀는 처음으로 제대로 된 인터셉터 푸쉬킥을 성공시켰다.

상대의 펀치나 킥이 나오려는 순간에 늘 그녀의 푸시킥이 상대의 중심이 무너뜨렸다.

그녀는 내게 말했다.

"관장님, 자꾸 실패를 하다 보니까 오히려 그 안에서 타이밍이 만들어졌어요. 이제는 푸쉬킥이 특기가 되어 버렸네요."

그 한마디는 "그녀가 기술에 대한 완전한 이해를 하고 있었다"라는 반증으로 들렸다.

한 번의 지도가 배우는 사람의 깨달음을 가르침을 주는 사람은 확신을 주기에 충분하다.

실패한 타이밍은, 가장 정직한 교사다.

나의 결정이 상대를 멈춘다 — 철학적 귀결

푸쉬킥은 결국, 싸움의 철학을 하나의 행위로 정리하는 기술이다.

그건 다음과 같은 질문으로 요약할 수 있다.

"이 타이밍은 내 것인가, 상대의 것인가?"

"이 싸움의 흐름을 내가 주도하고 있는가?"

"지금, 나는 싸움의 선택권을 가지고 있는가?"

인터셉터 푸쉬킥을 잘 구사하는 사람은 단순히 발차기만 잘하는 사람이 아니다.

그는 '내가 멈출 것인가, 그를 멈출 것인가'를 결정할 수 있는 사람이다.

그 결정력은 신체보다 정신에 가까우며, 기술보다 태도에 가깝다.

결국 이 킥은 이렇게 말한다.

"나는 네가 움직이기 전에, 이미 움직였고, 네가 생각하기 전에, 이미 선택했다."

푸쉬킥은 단순히 '밀어내는 기술'이 아니라, 상대의 리듬과 의도를 읽어 내고, 그 흐름을 끊는 '지배의 기술'이다.

타이밍은 머리로 계산해서 얻는 것이 아니라, 반복 훈련을 통해 몸의 언어로 감각화된 전략적 반응이다.

그리고 그 감각은, 한 사람의 싸움 철학을 바꾸는 경험이 된다.

요약 문구

"인터셉터 푸쉬킥은 단순한 기술이 아니다.
그것은 싸움의 속도와 흐름을 내 쪽으로 다시 설정하는 버튼이며,
결국은 내 삶의 선택권을 되찾아 오는 행위다."

Chapter 11

속임수야말로
최고의 기술이다.
그것은 인식의 개입이며,
전술의 예술이다

Brazilian Kick
"The Move That Separates Pros from Amateurs!"

The whip
— Suddenly change the angle and strike the face with your instep or shin.

Counterbalance
— Use your arms to keep balance and get ready for the next move.

The Fake
— Start the motion like a roundhouse kick to trick your opponent.

The Follow-Through
— Keep spinning after the kick to stay balanced and prepare for your next attack.

휘는 궤도 속의 직선 — 속임과 확신이 만나는 지점

이 그림은 단번에 정적인 '선'과 동적인 '곡선'의 대조를 보여 준다.

킥을 날리는 자의 다리는 정면으로 뻗은 듯 보이지만, 발끝의 회전, 발목의 틀어짐, 골반의 각도는 그 궤도가 곧 휘어져 나갈 것임을 암시한다.

이 킥은 단순한 하이킥처럼 보인다.

하지만 공격자가 실제로 노리는 곳은 정면의 시야가 아닌, 측면의 허점이다.

이는 상대의 '시선'과 '반사'를 속이는 전술적 기술이다.

이 그림은 말한다.

"모양은 직선이지만, 의도는 곡선이다."

"킥은 회전을 감추고, 회전은 방향을 배신한다."

팔은 균형을 잡고 있으며, 상체는 무너지지 않고 부드럽게 뒤틀려 있다.

이 킥은 단순히 올라간 다리가 아니라, '의도를 감춘 무의'의 물리학이다.

스파링을 통해서 상대의 브라질리언 킥 반응으로 고수와 하수를 가른다.

실전을 많이 경험했는지 아니면 품세를 통해서 정적인 훈련만 했는지 단번에 알 수 있다.

왜냐하면 이 킥은 기술보다 상대의 뇌를 겨냥하기 때문이다.

직선으로 출발해서, 휘어진 궤도로 도달하는 거짓 속의 진실.

그게 바로 브라질리언 킥이다.

"브라질리언 킥은 몸보다 '믿음'을 공략한다"

대부분의 킥은 몸의 빈틈을 겨냥한다.

하지만 브라질리언 킥은 그보다 더 깊은 곳을 노린다.

그것은 '예상'을 공격하는 기술이다.

· 상대가 당신의 라운드킥을 본다고 믿는 순간

· 당신은 그 믿음을 조작한다

· 그리고 나서, 그 믿음을 배반한다

이 킥은 단지 발차기가 아니다.

하이레벨 게임의 '심리 트랩(Psychological Trap)'이다.

나는 제자들에게 자주 이렇게 말한다.

"상대를 속이는 건 눈이 아니라 마음이야. 브라질리언 킥은 믿음을 만들어 놓고 그걸 뒤엎는 킥이야."

이 기술은 정직하게 싸우는 자가 아니라, 정확하게 속이는 자가 가진다.

그 속임수는 교묘하지만, 그 중심에는 흔들림 없는 철학이 있다.

"나는 너의 인식을 이해했고, 이제 그것을 부숴도 된다고 판단했다."

브라질리언 킥은 그 선언의 발차기다.

브라질리언 킥의 역사와 진화

곡선으로 그린 반역의 발끝.

브라질리언 킥이라는 이름에는 장난기와 잔혹함이 함께 숨 쉬고 있다. 그것은 직선의 예상을 배신하는 곡선의 발끝, 마치 웃으면서 다가와 귓속말을 건네는 사람이 마지막에 뺨을 때리는 것 같은 기묘한 반전이었다.

1. 발끝에 숨은 속임수

브라질리언 킥의 뿌리는 20세기 후반 브라질의 격투 무대에서 자랐다. 발끝은 처음에 복부를 향한다. 상대의 시선은 자연스레 아래로 떨어진다. 그러나 그 순간, 무릎 관절이 방향을 바꾸고, 발등이 포물선을 그리며 머리를 향해 치솟는다. 이 변화는 너무 짧아, 눈보다 늦게 뇌가 반응한다. 그 찰나의 속임수 속에서, 방어는 무력해지고 고개는 비스듬히 돌아간다.

2. 곡선이 직선을 이길 때

전통적인 하이킥은 직선의 아름다움을 믿는다. 빠르고, 곧고, 정직하다. 그러나 브라질리언 킥은 직선의 예상을 비웃는다.

초반에는 로우킥처럼, 그다음엔 미들킥처럼 보이다가, 마지막에 하이킥으로 피어오른다. 이는 물길이 바위를 돌아 흐르듯, 강이 끝내 바다로 흘러가듯, 처음부터 끝을 속이고 있었다는 이야기다.

3. 링 위의 웃음

일본 K-1 무대에서 브라질리언 킥은 처음으로 전 세계의 눈에 각인되었다. 브라질 출신의 전사들이 장난기 섞인 미소와 함께 기술을 날렸고, 그 미소는 곧 상대의 무방비한 고개 위에서 잔혹하게 끝났다. 관객들은 웃었고, 쓰러진 선수는 웃지 못했다. 웃음이 무기일 수 있다는 것을, 세계의 격투가는 브라질리언 킥에 많은 관심을 가졌다.

4. 공권유술의 곡선

나는 브라질리언 킥을 공권유술에 맞게 재해석했다. 단순히 타격을 주는 것에서 끝나지 않고, 킥이 빗나가도 그대로 중심을 무너뜨려 테이크다운이나 연속 공격으로 연결했다. 공권유술식 브라질리언 킥은 '속임수'와 '확실한 마무리'를 동시에 품었다. 발끝은 상대의 시선을 빼앗고, 무릎과 허리는 흐름을 바꿔 버린다. 그 순간, 전세가 바뀐다.

5. 철학, 혹은 농담

브라질리언 킥은 말한다. "네가 본 것이 전부가 아니다."
우리는 종종 눈에 보이는 것만 믿는다. 그러나 진짜 결말은 보이지 않는 곳에서, 마지막 순간에, 곡선의 궤적처럼 나타난다.

상대의 가드가 열리고, 그 틈새로 파고드는 발끝은 단순한 근육의 움직임이 아니다. 그것은 기만의 미학, 곡선의 철학이다.

기술 해체 — 브라질리언 킥의 구조와 구성

브라질리언 킥은 여러 파트로 구성된 고도 분절형 타격 기술이다.

이 킥이 예술이 되는 이유는, 단 한 번의 연결 동작이 아닌, 세 가지 층위의 분리 때문이다.

요소	기술 설명
페이크 동작	라운드킥처럼 무릎을 들어 올린다. 시선을 따라 올라가며, 상대가 반사적으로 방어할 수 있도록 유도한다.
궤도 전환	무릎을 틀면서 인사이드 → 아웃사이드로 궤도를 전환한다. 즉, '올린 척하다가 비튼다.'
킥 포인트	발등 혹은 정강이 얼굴 측면, 턱, 이마 위, 옆 광대 부위에 스치듯 들어간다.
힙 스냅	골반의 미세한 회전으로 킥의 궤도를 휘게 만든다. 허리가 아니라 고관절 회전의 미세한 제어가 핵심이다.
팔과 시선	반대 팔은 중심 유지, 앞팔은 순간적으로 오히려 내려서 시선을 유인한다.
후속 연결	킥이 빗맞거나 막히더라도 스텝 스핀 → 백킥, 클린치, 백스텝 등으로 전환 가능해야 완성형 기술이다.

이 킥은 정확한 타이밍과 섬세한 회전, 그리고 무엇보다 상대를 속이 겠다는 결단과 망설이지 않는 확신이 있어야 가능하다.

"방심은 믿음에서 온다, 믿음은 파괴된다"

　몇 년 전, 호신왕전 토너먼트 시합에 대비한 토요일 주말 훈련을 한 적이 있었다.

　이번에 처음 시합에 출전하게 된 동화는 방어력은 매우 뛰어났지만 포인트를 만들어 내는 감각은 무딘 편이었다.

　시합은 한판이라는 포인트를 따야 이기는 경기이므로 방어를 아무리 잘해도 결국은 공격력이 우선되어야 한다.

　나는 그의 파트너가 되어 타격 스파링 상대가 되어 주었다.

　동화와 스파링을 하면서 느낀 점은 빠른 리듬과 반응 속도는 뛰어났지만, '읽힘'에 대한 감각은 부족한 상태였다.

　나는 일부러 단조로운 라운드킥을 반복했다.

　로우킥과 미들킥을 번갈아 가며 툭툭 던지는 킥을 보여 주었다.

　처음엔 약하게, 그다음엔 빠르게, 그리고 중간에는 일부러 빗맞게.

　동화는 로우컷과 미들킥 캣치 같은 디팬스에 신중했고 비교적 깔끔한 동작으로 공격을 막아 냈다.

　그는 점점 리듬에 익숙해졌다.

　세 번째 라운드에서 나는 전형적인 라운드킥 모션을 취했다.

　아웃사이드 로우킥으로 들어가는 킥의 모션, 강력한 로우킥을 차기 위한 큰 모션을 주면서 나의 시선을 그의 대퇴부 쪽으로 향했다.

　킥이 지면을 떠나자 그는 무릎을 들어 로우컷 디펜스를 했다.

　그의 시선이 나의 킥하는 발에 꽂혔다.

　그 순간, 나는 발에 급격한 회전을 틀어 반원을 그리며 위에서 아래도 떨어지는 하이킥을 시도했다.

발등으로 그의 관자놀이 위쪽을 감아 찼다.

뚝 떨어지는 드롭킥이었지만 충격은 깊지 않았다.

그는 얼굴에 킥이 맞는 순간 두 손을 허우적거리며 뒤로 물러섰다.

"관장님, 어떻게 된 거죠? 로우킥이라고 생각했는데…."

나는 대답했다.

"그건 로우 킥이 아니야. 네가 그렇게 믿었을 뿐이지."

또 다른 파트너가 바뀌어서 스파링이 시작되었음에도 그는 나와의
스파링만을 생각하고 있었다.

"각이 없었는데 말이야… 발차기 각이 나오지 않았는데…."

그는 몇 번이고 같은 말을 되풀이했다.

다음 날부터 그는 브라질리언 킥을 배우기 시작했다.

그가 이해한 것은 단지 기술이 아니라, 싸움은 물리적 충돌이 아니라
'믿음의 유도'라는 진실이었다.

그는 이제 싸울 때 이렇게 말한다.

"상대를 공격하기 전에, 먼저 믿게 만들어라. 그리고 그 믿음을 가장
조용하게 무너뜨려라."

그해 강동화는 일반부 공권유술 한국 랭킹 3위까지 올라갔다.

마인드셋 — 브라질리언 킥은
'속일 수 있다'는 믿음에서 시작된다

브라질리언 킥은 겉보기엔 유연한 사람만 쓸 수 있는 기술처럼 보인다.

그러나 그 진짜 자격은 유연성이 아니라, 용기다.

왜냐하면 이 킥은 '상대를 속일 수 있다고 믿는 사람만이 시도할 수 있다'는 전제를 갖기 때문이다.

이 믿음은 단순한 배짱이 아니다.

그건 상대의 인식을 이해하고 조작할 수 있다는 인지력, 그리고 내 몸이 그 궤도를 구현할 수 있다는 기술적 확신이다.

많은 초보자들이 이 킥을 배우지 않는 이유는 기술 때문이 아니다.

속일 수 있다는 믿음이 없기 때문이다.

나는 그들에게 말한다.

"네가 이 기술을 믿기 전까지는, 그 누구도 믿게 만들 수 없어."

브라질리언 킥을 배우는 첫걸음은 상대를 속이기 위한 연습이 아니라, 자신의 확신을 설계하는 훈련이다.

Chapter Extension

1. "진짜를 감추는 기술"의 역사

브라질리언 킥은 근래에 생긴 이름이지만, 그 철학은 무사들의 고전 전략과 닮아 있다.

고대 일본 검술에선 다음과 같은 말이 있다.

"칼을 빼지 않고 이기는 자가 진짜 고수다."

이는 상대가 방어하는 순간조차 주도권을 쥐는 자가 진짜라는 뜻이다.

브라질리언 킥도 같은 맥락이다.

보여 주고, 믿게 만들고, 그 위를 조용히 지나간다.

2. '보이는 것'이 전부가 아닌 무기

이 킥은 보여 주기 위해 존재한다.

하지만 그 목적은 보여 준 것을 깨뜨리기 위함이다.

우리는 종종 겉으로 보이는 힘에 속는다.

하지만 진짜 전사는 상대가 보고 싶어 하는 걸 보여 주고, 보고 싶지 않은 걸 숨겼다가 터뜨리는 자다.

브라질리언 킥은 '무기의 모양'이 아니라 '의도의 흐름'으로 싸우는 사람을 위한 기술이다.

3. 실패한 속임수가 남긴 것들

한 제자가 브라질리언 킥을 시도하다가 상대에게 바로 카운터를 맞은 적이 있다.

그는 말없이 바닥을 보았다.

나는 말했다.

"속임수가 실패한 게 아니라, 타이밍을 놓친 거야. 그리고 그것도 연습의 일부야."

그는 다시 일어나, 같은 동작을 100번 넘게 반복했다.

몇 달 후, 그는 '브라질리언 킥 → 백스핀 킥 → 암바 페이크'까지 연결하는 예측 불가의 연속기를 구성해 냈다.

실패는 교정의 선생이다.

그리고 속임은 완성되지 않을수록 정직하게 배운다.

4. '기술'이 아니라 '통제'를 익힌다

브라질리언 킥을 익힌다는 것은, 킥 하나로 모든 것을 끝낸다는 의미가 아니다.

그것은

· 싸움의 흐름을 내가 쥐고 있고
· 상대의 뇌가 내가 유도한 방향으로 흐르고 있으며
· 그 안에서 내가 마지막 선택권을 쥐고 있다는 감각을 기른다는 뜻
  이다

결국 브라질리언 킥은 내가 언제, 무엇을, 왜, 어떻게 속이고 있는지를 '나 스스로 설명할 수 있을 때' 완성된다.

전술적 응용 – 브라질리언 킥은 언제 작동하는가?

상황	브라질리언 킥의 전략적 활용
상대가 라운드킥에 익숙해졌을 때	반복된 리듬 속에 페이크 후 회전 킥 투입
상대가 손을 낮추고 방어 습관이 일정할 때	반복된 상단 방어 이후 회전 각도 변경
상대가 잽 후 측면 이동을 자주 할 때	잽 → 이동 경로 예상 → 궤도 변경 킥
상대가 발을 들며 킥을 준비할 때	킥 발동 직전 중심 꺾기용 브라질리언 킥으로 리듬 깨기
상대가 스텝 인 직후 방어 전환이 느릴 때	거리 유도 → 궤도 전환 킥으로 정면을 비껴 관통

브라질리언 킥은 타이밍보다 더 중요한 것이 '신뢰 붕괴의 각도'다.

상대가 "봤다"고 착각하는 그 순간을 역이용해야 한다.

이 기술은 물리적 충돌보다 인지적 반전을 겨냥하는 공격이다.

훈련 루틴 – 궤도는 외워지지 않는다. 몸이 기억해야 한다

브라질리언 킥은 하루아침에 완성되지 않는다.

무릎을 들고, 골반을 비틀고, 회전을 억제하다 다시 개방하는 이 모든 과정을 '다리'가 아닌 '몸 전체'가 기억해야 한다.

루틴 구성

- 무릎 들기 → 방향 전환 킥 루틴(30회씩 좌우)
- 전방 킥 → 라운드킥 → 브라질리언 킥 연속 궤도 훈련
- 시선 고정 상태에서 팔 중심 회전 밸런스 훈련
- 파트너와 라운드킥 반복 후 브라질리언 페인트 훈련
- 빗맞은 후 빠지는 스텝 & 후속 백킥 루틴 연습

훈련 메모

- 나는 최근에 누구를 속였는가?
- 나의 브라질리언 킥은 몇 번의 반복 끝에 궤도가 휘어졌는가?
- 나는 지금 누구를 믿게 만들고 있는가?
- 킥을 시작하기 전에, 내 안의 '페이크'는 얼마나 정교한가?

요약 문구

"브라질리언 킥은 발이 아니라 시선을 타격한다.
믿음을 만든 다음, 그 믿음을 조용히 부수는 기술이다."

Chapter 12

통증은
감각이 아니라,
메시지다

Shin Crusher
"The Most Painful Technique I Know"

Secure the opponent's leg and isolate the tibia.

Lock your legs in a figure-four or triangle shape.

Drive your shin upward into their tibia

- Arch your back slightly and pull their foot toward your chest.
- This creates maximum pressure, with your shin acting like a blade.

Control the angle and tension!

- Adjust the angle to press directly on the tibia rather than the calf muscle.

정강이 위의 절규

이 그림은 격투의 한복판이 아닌, 그 끝자락을 포착한 장면이다.

기술이 성립되고, 반격이 불가능해진 순간.

움직임은 고요하지만, 그 안에는 비명이 내장된 침묵이 흐른다.

상대의 다리는 직각으로 완전히 고립되었고, 가해자의 정강이는 칼날처럼 가해진다.

팔로는 발목을, 무릎은 상대의 정강이뼈를 고정한 채, 몸 전체로 압박을 가하고 있다.

피할 수 없는 고통이, 마치 시계추처럼 꾸준하게 올라간다.

이 기술은 단순한 관절기가 아니다.

이건 뼈를 부순다.

그리고 의지를 꺾는다.

그 무엇보다 무서운 점은, 이 고통이 점점 강해진다는 사실이다.

Shin Crusher — 정강이 박살기.

이는 관절을 비틀지도 않고, 관통하지도 않는다.

다만, 압박할 뿐이다. 하지만 그 '단순한 압박'이 인간의 비명을 가장 끌어올리는 형태로 작용한다.

이 기술은 격투기보다 고문에 가깝고, 승부보다 '경고'에 가깝다.

"정강이뼈는 강력한 메시지다"

인간의 정강이는 격투에서 가장 많이 부딪히는 부위다.

로우킥을 차도 정강이, 받아도 정강이다.

무릎 아래 가장 단단한 구조. 하지만 동시에 가장 예민한 부위.

이 딜레마는 Shin Crusher의 존재 이유다.

우리는 보통 통증을 피해야 할 감각으로 인식한다.

하지만 이 기술은 말한다.

"통증은 싸움의 언어다."

상대는 고통을 느끼는 순간, 움직임을 멈추고, 마음의 방향을 바꾼다.

즉, 이 기술은 신체의 파괴보다 '의도'를 무너뜨리는 무기다.

Shin Crusher는 다음과 같은 철학을 품고 있다.

· 힘보다 구조: 이 기술은 근력보다 위치 선정이 핵심이다

· 빠름보다 느림: 고통은 서서히 조여 갈수록 더욱 진하게 퍼진다

· 부러뜨리기보다 꺾이지 않게 만드는 것: 상대가 "탭" 하는 순간은 뼈
  가 아니라 마음이 부러지는 순간이다

그리고 이 철학은 우리에게 말한다.

"진짜 무서운 것은 빠른 타격이 아니라, 피할 수 없는 고통이다."

Shin Crusher의 역사와 진화

정강이는, 어쩌면 인간 몸에서 가장 솔직한 부위다.

한번 세게 부딪히면, 눈물이든, 욕이든, 체면이든 다 무너진다.

이 기술은 바로 그 솔직함을 노린다.

정강이를 부드럽게 감싸는 척하다가, 천천히, 그러나 피할 수 없이 압박한다.

마치 오래된 기찻길 위에서 멀리서 들려오는 바퀴 소리가 점점 가까워지는 것처럼.

피하려 해도 이미 레일 위에 올라서 있다.

1. 고대 전장에서의 태동

Shin Crusher라는 이름은 최근에 붙었지만, 역사는 오래됐다.

고대 전장에서 병사들은 칼과 방패를 놓친 뒤에도 싸움을 멈추지 않았다.

그들은 발과 다리, 특히 정강이를 겨냥했다.

뼈와 뼈가 맞닿는 그 소리는, 함성보다 깊이 박혔다.

한번만 제대로 들어가면, 상대의 움직임은 멈췄다.

이건 기술이라기보다, 살아남기 위한 몸부림이었다.

2. 무림의 그림자 속 비밀

동양 무술에서 정강이 공격은 은밀한 무기였다.

중국의 고수들은 발목과 정강이 사이를 '기운의 문'이라 불렀다.

일본의 고류(古流) 유술에도, 잡기와 함께 정강이를 압박하는 변형 기술이 있었다.

공격은 단순했다. 그러나, 단순한 것이 가장 무섭다.

3. 스포츠 격투에서의 변신

현대 격투기 규칙 속에서 Shin Crusher는 직접적인 골절 유발 기술로 금지되거나 제한되었다.

하지만 캐치 레슬링, 브라질리언 주짓수, 심지어 MMA에서도 변형된 형태가 남아 있다.

상대 다리를 고정한 뒤, 무릎과 정강이로 압박하는 식이다.

기술을 쓰는 사람은 표정 하나 변하지 않지만, 당하는 쪽은 비명을 삼킨다.

고통은 보는 사람이 아닌 당하는 사람만 알 수 있다.

'저건 오래 가는 상처'라는 걸.

4. 공권유술에서의 재해석

나는 Shin Crusher를 단순한 통증 유발이 아니라 결정적인 선택권의 차단으로 해석했다.

정강이를 압박하면 상대의 다리가 무너지고, 그 순간 상체의 균형도 함께 무너진다.

그다음엔 서브미션, 테이크다운, 혹은 파운딩으로 이어진다.

즉, Shin Crusher는 격투의 끝이 아니라 시작이다.

마치 겨울 강 위의 첫 번째 금이, 봄의 홍수로 이어지듯.

5. 철학으로서의 Shin Crusher

Shin Crusher는 뼈를 부수는 기술이 아니다.

그건 의지를 부수는 기술이다.

사람은 다리를 지탱하는 한 설 수 있고, 설 수 있는 한 싸울 수 있다.

그러나 정강이가 부서지면, 마음부터 무너진다.

그 순간, 그는 이미 패배를 받아들인다.

싸움은, 결국 마음이 먼저 꺾이는 게임이다.

기술 해체 — Shin Compression Lock 구조 분석

이 기술은 겉으로 보면 단순하다.

하지만 안으로 들어가면 복잡한 균형, 압박의 궤적, 상호 지렛대 작용이 정교하게 숨어 있다.

Shin Crusher는 다음 세 가지 원리로 구성된다.

1. 고정: 다리의 가두기와 축 만들기

· 상대의 다리를 끌어안고, 무릎 아래 정강이뼈를 드러낸다
· 자신의 무릎을 figure-four(숫자 4자 모양) 또는 삼각형 구조로 엮어
  상대의 정강이에 고정한다
· 상체는 살짝 비스듬히 누운 자세를 유지하여 양팔에 공간을 확보한다

핵심은, 다리를 '잡는다'가 아니라 '고립한다'. 움직이지 못하게 만든
다는 건, 이미 기술의 반이 완성되었다는 뜻이다.

2. 압박의 전달: 정강이로 정강이를 누른다

· 자신의 정강이 윗부분을 상대의 tibia(정강이뼈) 아래에 댄다
· 등은 살짝 아치형으로 만들며, 상대 발을 가슴 쪽으로 끌어당긴다
· 이때 압박은 단순한 힘이 아니라 지렛대와 리버리지로 전달된다

핵심은, 압박은 '강도'보다 '각도'다. 정강이는 날카로운 칼처럼 작용
하고, 상대는 뼈가 찢기는 느낌을 받는다.

3. 조절: 압박의 지속성과 탈출 불가의 구조 만들기

· 양팔로 상대 발목을 끌어당기되, 무릎과 발끝이 움직이지 않도록 두
  손의 방향을 다르게 분리해 잡는다

- 이 구조는 단순히 '힘'이 아닌 '방향의 고정'을 통해 탈출 강도를 세기 한다
- 압박은 점점 증가해야 하며, 단번에 터뜨리는 방식이 아니라 점진적으로 심화되는 형태여야 한다

핵심은, 대부분의 서브미션은 '터뜨리는 순간'이 있다. 그러나 Shin Crusher는 그런 순간이 없다.

단지 고통이 쌓여 가는 것이다. 이것이 이 기술이 가진 가장 큰 무서움이다.

"나는 그날, 내 정강이가 무기라는 걸 처음 알았다"

호주 시드니에서 있었던 국제 세미나.

2000년 5월 만물이 소생한다는 계절.

우리는 멜버른과 타스마니아 캔버라등 8개의 도시를 돌고 시드니를 마지막으로 세미나를 마칠 예정이었다.

이충효는 공권유술 사범 중에 삼원본을 가장 잘했다.

그와 함께 TV도 출연하고 책도 만들고 CF도 함께 출연했다.

반면 채성현은 스파링에 탁월한 재능을 가지고 있었다.

마지막 날이라서 그런지 많은 무술가들이 모여들었다.

이충효와 채성현은 공권유술의 핵심 기술인 심무, 건법, 입기, 좌술 같은 타격기에서 메치기 그리고 서브미션으로 연결되는 삼원본을 시연

했다.

나는 이러한 기술이 어떻게 구성되고 있고 실전에서 어떻게 작용되는지 조목조목 설명을 했다.

기본적인 시범이 끝나고 함께 기술을 배워 보는 시간이 왔다.

준비한 기술은 심무 8번 정강이 조이기(Shin Lock)이다.

상대를 멋지게 낚시걸이를 한 후 정강이 조이기로 마무리하는 기술.

호주인들은 처음 보는 기술이 신기했는지 매우 즐거워했다.

뉴질랜드 출신인 조는 160kg에 190cm의 거구였다.

그는 합기도 마스터였고 여러 무술에 능통했다.

몇몇이 모여서 정강이 조이기 기술이 통하지 않자 나에게 다가와 이해할 수 없다는 표정을 지으며 자신에게 한번 기술을 걸어 보라고 했다.

그의 다리는 마치 코끼리 다리통처럼 두꺼웠고 힘으로 다리를 구부리기조차 힘이 들었다.

나는 설명과 함께 가볍게 다른 정강이에 그의 정강이 옆면을 밀착하고 발목을 당겼다.

외마디 비명과 함께 탭이 나왔다.

어째서 똑같은 정강이끼리 부딪치는데 자신만 다리가 부러질 것 같은 공포가 느껴지는지 설명을 해 달라고 했다.

정강이의 앞면은 매우 강하지만 옆면은 마치 나무젓가락처럼 쉽게 부러진다.

그러므로 다리가 아무리 두껍고 강하다고 하지만 정강이의 옆면은 언제나 급소가 된다.

나의 정강이 앞면을 상대의 정강이 옆면에 대고 당기면 언제나 옆면이 부러진다.

충분한 설명에 그는 고개를 끄덕였다.

끝으로 나는 조에게 다음과 같이 말했다.

"이 기술은 뼈에 말을 거는 것같이 기술을 걸어야 합니다. 뼈의 주인은 통증이 오기 전에 공포심으로 인하여 빨리 탭을 하고 싶은 충동이 느껴지도록 말입니다."

마인드셋 — "부수는 것이 아니라, 무릎 꿇게 하는 기술"

Shin Crusher는 파괴적인 기술이지만, 그보다 중요한 것은 통제력이다.

당신은 힘으로 부러뜨리는 사람이 아니라, 상대의 고통을 '계산'하는 사람이어야 한다.

훈련 시 반드시 기억할 마음가짐

· 고통은 당신의 무기가 아니라 메시지다

  - 상대가 어떤 반응을 보이는지 읽는 것이 중요하다

  - 너무 빠르게 들어가면, 기술은 '끝'이지 '배움'이 아니다

· 서브미션은 굴복시키는 것이 아니라 이해시키는 것이다

  - 탭은 항복이 아니라 배움의 끝에서 나오는 존중이다

· '내가 아프게 할 수 있다'는 확신보다, '나는 안 다치게 할 수 있다'는 신뢰가 더 중요하다

전술적 응용 — Shin Crusher의 실전 전략

상황	응용 전술
상대가 하프가드에서 버틸 때	Shin Crusher로 다리 고립 후 탭 유도
상대가 킥 이후 넘어졌을 때	킥 후 다운된 다리를 잡아 기술 연결
클린치 후 상대가 주저앉을 때	즉시 다리 컨트롤 → 기술 전환
상대가 힐훅 방어 중일 때	힐훅 페이크 → Shin Crusher 변환

주의해야 할 것은, 실전에서는 기술을 완성하기 전 탭 유도를 우선시해야 한다.

뼈를 부러뜨리는 것보다, 상대의 반응을 읽는 것이 고수의 미덕이다.

훈련 루틴 — 통증 없이 훈련하는 Shin Crusher 루틴

1. 포지션 훈련(10분)

· 파트너의 다리를 고정하고, figure-four 구조 만들기
· 1분 유지 후 교대

2. 압박 조절 훈련(10분)

· 등 아치 만들기, 발목 당기기, 정강이 조정
· 10단계 압박 중 3단계까지만 훈련

3. 상황별 연결(15분)

· 하프가드 → Shin Crusher
· 킥 후 다운 포지션 → Shin Crusher

4. 탭 리딩 훈련(5분)

· 파트너의 표정 · 반응 읽기
· 탭하기 직전 멈추고 피드백 받기

요약 문구

"정강이뼈는 무기가 아니다.
그것은 침묵 속에서 소리를 내는 메시지다."
"Shin Crusher는 뼈를 부수지 않는다. 자존심을 부순다."
"강한 자는 탭을 받기 위해 기술을 사용하고,
현명한 자는 이 기술을 멈출 줄 안다."

Chapter Extension

1. 기술 확장: "Shin Slice"

· 정강이로 눌러 고통을 유도하는 대신
· 상대 무릎 아래를 발끝으로 분리해서 조여 주는 형태
· 힐훅, 토홀드와 연계 가능한 압박 + 관절 복합기

2. 응용 확장: "안뒤축 감아치기 + Shin Crusher"

· 안뒤축 감아치기 이후 하체는 Shin Crusher
· 정면태클 이후 몸을 돌려 Shin Crusher

3. 심리 확장: "정강이로 주는 공포의 시작"

· 실전에서는 상대에게 '기술을 줄 것'처럼 암시만 해도
   - 공포심 유발
   - 반응 유도
   - 심리전의 우위 확보

4. 무기화 철학: "뼈가 도구가 되는 순간"

· 인간의 가장 단단한 구조인 뼈를

· 도구로 쓰는 훈련법이 바로 Shin Crusher

· 손 없이 이기는 법, 발로도 항복을 유도하는 마스터링

Chapter 13

너의 얼굴은
초기화되었다.
너의 자만도 함께

Knee-on-Belly Ground & Pound

"How to Reset Someone's Face"

Place your knee firmly on the opponent's stomach or solar plexus, and keep your other foot posted wide for balance.

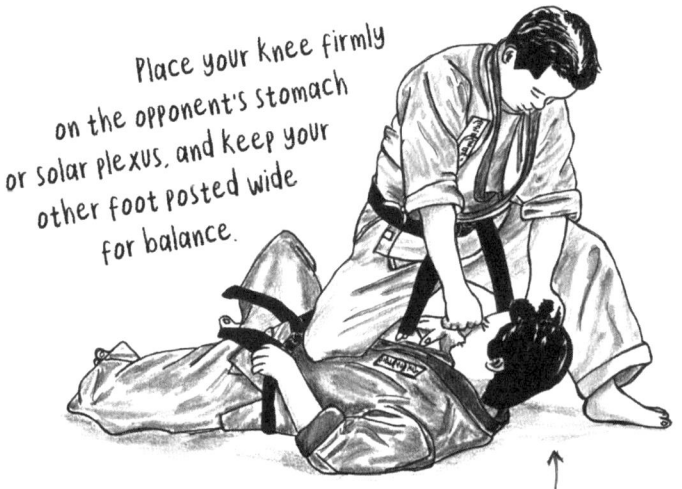

Hold the opponent's head or hair to stop their movement and prepare for your strike.

Punch straight down into their face using your body weight and shoulder rotation. If the opponent taps out or covers up, adjust your attack. If not, keep striking or move into a submission.

무자비하게, 그러나 정확하게

한 손으로 상대의 머리채를 움켜쥐고, 다른 손은 무거운 중력과 어깨 회전을 실어 일직선으로 내려찍는다.

바로 얼굴에. 무릎은 상대의 복부에 깊이 박혀 있고, 반대편 다리는 지면에 넓게 벌려 안정감을 확보한다. 이 자세는 폭력의 예술처럼 보이지만, 이건 선언이다.

"너는 지금부터 나에게 저항할 수 없다"는 선언이자, "이 타격이 너의 기억 속을 백지화할 것"이라는 위협이다.

그림 속 자세는 극단적이다.

무릎을 복부에 박은 채 상체를 수직으로 세우고, 상대의 머리카락을 붙잡아 고정시키며 주먹으로 얼굴을 찢는다.

기술의 정교함보다, 목적의 명확함이 돋보이는 장면이다. 이건 미학이며, 질서다.

전장의 마지막 질문 — "너는 어디까지 지킬 수 있는가?"

진짜 싸움은 기술 이전에 '태도'로 시작된다.

타격은 단순한 손놀림이 아니다.

그것은 선을 넘는 일이다.

상대의 신체에 의도적으로 해를 가하겠다는 결단이다.

그리고 이 장면은 바로 그런 결단의 끝에 도달한 무사의 모습이다.

무릎으로 상대의 숨을 조이고, 머리카락을 쥐어 고개를 틀지 못하게 만든 후, 정면에서 직선으로 내리꽂는 펀치.

그것은 기교가 아니라 용기다. 수많은 격투기 수련자들이 이 순간 앞에서 망설인다.

"정말 여기까지 가야 하나?"

"이렇게까지 해도 괜찮은가?"

"상대를 다치게 하지 않을까?"

그러나 진짜 전장에서는 그런 질문을 할 시간이 없다.

이 기술은 그런 모든 의심을 지워 버리는 기술이다.

"지금, 끝내라. 망설이지 마라."

그 철학을 몸으로 외우는 장면이다.

Knee-on-Belly Ground & Pounding의 역사와 진화

사람은 한번 무릎을 꿇으면 겸손해진다고 했다.

하지만 무릎이 다른 사람의 배 위에 놓였을 때, 그건 겸손이 아니라 경고다.

마치 지붕 위에서 부서진 기왓장이 바람에 눌린 채 움직이지 못하듯, 배 위에 얹힌 무릎은 상대의 호흡과 의지를 동시에 눌러 버린다.

그 위에서 떨어지는 주먹은, 마지막 장맛비처럼 묵직하고 확실하다.

1. 고대의 '무릎 위 권법'

전쟁의 진창 속에서, 칼과 창이 부러진 병사들이 선택한 방법이 있었다.

넘어진 적의 몸통을 무릎으로 짓누르고, 숨이 막혀 몸이 비틀릴 때까지 그 위에서 가격하는 것.

그때의 무릎은 방패였고, 주먹은 망치였다.

기록 속에는 이름이 남지 않았지만, 그 자리는 이미 Knee-on-Belly의 씨앗이었다.

2. 무림과 유술 속에서

중국 무림에서는 이를 '압복권(壓腹拳)'이라 불렀다.

일본 유술과 유도의 누르기 기술 속에서도 변형이 있었다.

단순히 눌러 놓는 것이 아니라, 무릎으로 상체를 비스듬히 제압해 양손이 자유로워진 상태에서 주먹이나 팔꿈치를 떨어뜨렸다.

그 시대의 무릎 위 타격은 '체중을 무기화하는 법'을 가르쳤다.

3. 스포츠 무대 위로

현대 MMA와 주짓수 시합에서 Knee-on-Belly는 포지션 전환의 도구였다.

그러나 어떤 파이터들은 이 포지션에서 그대로 파운딩을 시도했다.

관객이 숨을 죽이고 보는 순간은, 바로 무릎 아래의 사람이 숨을 못 쉬고 몸을 비틀다가 결국 방어를 포기하는 장면이었다.

규칙이 허용하는 한계 안에서, 무릎과 주먹의 조합은 여전히 위력적이었다.

4. 공권유술의 Knee-on-Belly Ground & Pounding

공권유술에서 이 기술은 단순히 누르고 치는 방식이 아니다.

"무릎은 도장이고, 주먹은 도장 날인이다."

상대의 몸 위에 무릎을 찍는 순간, 그 위치는 '승부의 문서'가 된다.

그리고 주먹이 떨어질 때, 그 문서에 '결정'이라는 도장이 찍힌다.

공권유술식 파운딩은 무릎의 압박과 주먹의 타격을 완벽히 조율해 상대가 반격의 의지를 품기 전에 경기를 끝낸다.

5. 철학으로서의 Knee-on-Belly 파운딩

이 기술의 진정한 힘은 무게가 아니라 '자리'에 있다.

무릎이 배 위에 얹히는 순간, 상대의 호흡과 시야, 균형이 한꺼번에 빼앗긴다.

그 자리는 움직임이 봉쇄된 세계다.

그곳에서 떨어지는 주먹은 단순한 타격이 아니라, 상대에게 전하는 한 문장이다.

"이제 끝났다."

기술 해체 ─ 무릎, 고정, 머리카락, 그리고 일직선 타격

이 기술은 크게 4단계로 나뉜다.

1. 니 온 벨리(Knee-on-Belly)

· 상대의 명치나 복부에 무릎을 올려놓는다
· 다른 쪽 다리는 넓게 벌려 지면을 누르며 중심을 안정화한다
· 이 포지션만으로도 상대는 호흡이 어려워지고 움직임이 제한된다

2. 머리 고정(Head Control)

· 상대의 머리카락이나 옷깃을 움켜쥐고, 턱이 돌아가지 않도록 조절
  한다
· 이 과정은 단순한 제압이 아니라 '방향 고정'이다
· 펀치가 얼굴 정중앙에 꽂히도록 하기 위한 전제조건이다

3. 직선 타격(Gravity & Shoulder)

· 주먹을 쥔 손은 어깨를 세워 위로 든다
· 중력과 어깨 회전을 동시에 이용해 타격을 수직으로 실어 낸다
· 이때 타격의 포인트는 이마보다 코, 코보다 턱이다

4. 판단: 이어갈 것인가, 멈출 것인가?

· 상대가 커버하거나 심한 반항을 하면, 바로 서브미션으로 전환한다
· 커버하지 않으면, 펀치를 계속 이어 간다
· 이건 단순한 반복이 아니라 '심판 없는 세계에서의 최후통첩'이다

마인드셋 — '자비'는 기술이 아니다. 선택이다

많은 무술 수련자들이 이 기술 앞에서 혼란에 빠진다.
"내가 사람의 얼굴을 이렇게 때려도 될까?"
"머리를 누르고, 무릎을 박고, 주먹을 정통으로 내리꽂는다는 건 너무 과한 거 아닐까?"
그러나 이 질문은 방향이 잘못되었다. 진짜 질문은 이렇다.
"이 상황이 오지 않도록, 나는 얼마나 준비되어 있는가?"
"만약 이런 상황이 왔을 때, 나는 정확하고 효율적으로 끝낼 수 있는가?"
이 기술은 폭력적인 기술이 아니라 '결정권의 기술'이다.

내가 먼저 상대를 끝낼 수 있는 위치에 선다면, '때리지 않는 선택'을 할 수도 있다. 하지만 그 선택은 오직 확실한 제압력 위에서만 가능하다.

마인드셋의 핵심은 다음과 같다.

"기술을 갖추면, 자비를 베풀 수 있다. 약한 자에게 자비는 허상이다."

전술적 응용 — 이 기술이 유용한 5가지 상황

1. 상대가 클린치 후 쓰러졌을 때

니 온 벨리 포지션으로 올라탄 후, 빠르게 상체를 눌러 상대의 반격을 막는다.

2. 상대가 가드를 열어 놨을 때

머리를 고정시키고, 코나 턱을 타깃으로 정통 타격한다.

3. 관중이 많은 시합에서 '선명한 장면'을 연출할 때

Ground & Pound는 심판의 판단을 확실하게 끌어낼 수 있는 장면이다.

4. 상대가 가드로 버티는 경우

계속적인 니 온 벨리 압박과 함께 펀치로 시야와 호흡을 제한해 간접 서브미션을 유도한다.

5. 실전에서 벗어나기 전 마지막 일격

상황이 심각할 경우, 얼굴 타격 이후 빠르게 도주가 가능하다.

훈련 루틴 ― 기술을 완성하는 5단계

1. 니 온 벨리 고정 연습(2분 × 5세트)

파트너가 움직이더라도 중심을 무너뜨리지 않는 훈련.

2. 머리카락 없이 목 옷깃만으로 고정하는 연습

실전에서는 머리카락을 잡기 어려울 수도 있으므로 대체 그립 훈련 이 필수.

3. 사선 펀치와 수직 펀치의 차이 연습

어깨 회전과 중력 타격의 조화를 익히기.

4. 탭/커버 전환 반응 훈련

상대가 탭하면 바로 팔꺾기나 초크로 전환하는 루틴 연습.

5. 마무리 후 탈출 시뮬레이션

Ground & Pound 후 도주 루트 확보 훈련. 실전 대비용.

훈련 메모 — 이 기술의 본질을 잊지 말 것

· 니 온 벨리는 단순한 포지션이 아니라 '지배의 표현'이다
· 머리 고정은 물리적 제압이자, 심리적 압박이다
· 펀치는 손이 아니라 전신이 때리는 것이다
· 지금 타격하지 않으면, 다음은 내가 맞는다
· 끝내기 위한 기술, 살아남기 위한 결단

요약 ― 기술의 구조, 정신의 구조

요소	내용
포지션	Knee-on-Belly, 균형과 압박 확보
제압	머리 고정, 시야 차단
타격 방식	수직 직선 펀치(중력 + 어깨 회전)
마무리	상대 반응 따라 Ground & Pound 또는 Submission
정신 태도	무자비한 기술은 무자비하게 다뤄야 한다는 결의

"그날의 운동장에서의 싸움, 그놈은 고개를 끄덕였다"

나는 그때 열다섯 살이었다.

가을이 끝나 갈 무렵, 운동장 벤치 옆에 서 있었다.

상대는 나보다 키가 크고, 체급도 컸다.

녀석은 늘 같은 반 아이들의 돈을 뺏거나 심부름을 시키거나 폭력을 휘두르는 아이였다.

이놈이 눈을 부라리고 나에게 다가오고 있었다.

얼마나 기세가 등등한지 어쩌면 오늘 나는 저놈에게 맞아 죽을지도 모르겠다라는 불안한 기운이 엄습했다.

눈이 부시게 빛나는 나의 하얀색 운동화.

나이키 신발은 평생 이름만 들어 봤지 신어 보기는 처음이었다.

나의 생일 선물로 가장 받고 싶은 것이 무엇이냐는 어머니의 질문에 나는 무조건 하얀색 나이키 신발이라고 대답했다.

낡은 자기 신발과 어제 산 나의 하얀색 나이키 신발을 바꿔 신자는 녀석의 말을 거절했다.

그 후에 돌아온 말은 "죽여 버릴 테니까 점심시간에 운동장으로 나와!"라는 단호한 한마디였다.

녀석은 야구부였지만 야구 배트를 들고 나타나지는 않았다.

나는 유도부였지만 도복을 입고 그를 기다리지도 않았다.

그는 아마 내가 무서워서 운동장에 나타나지 않았을 거라는 생각을 했나 보다.

나를 보더니 손가락질을 하며 "이 새끼 진짜 나왔네!"라는 말과 함께 웃어 대기 시작했다.

우리는 마치 석양의 무법자처럼 서로를 마주 보고 섰다.

움직이면 바로 총을 빼서 쏠 것처럼 서로 긴장하고 있었다.

주변에 아이들이 몰려들었다.

촉새 한 명이 준이와 영식이가 운동장에서 싸움을 한다고 소문을 냈다.

싸움구경처럼 재미있는 것이 없는지라 구경꾼들이 빙 돌아 링을 만들었다.

마치 야구부와 유도부의 대결처럼 구경꾼들도 편을 갈라 진영이 만들어졌다.

주변의 성화에 못 이겨 녀석이 얼토당토않는 주먹을 휘둘렀다.

이후 나의 목을 잡고 헤드락을 걸었는데 우리는 서로 엉켜 함께 넘어졌다.

순식간에 일어난 일이다.

그는 바닥에 널브러져 있었고 나는 그의 배 위에 올라타 있었다.

그의 얼굴에 주먹을 꽂아 넣었다.

이내 그는 얼굴을 찡그리며 비명을 질렀다.

그는 단순히 덜 맞기 위해 손을 뻗었지만 두 손의 공간 사이로 코에
주먹이 맞는 순간 코피가 쏟아졌다.

코피가 콸콸 쏟아졌다.

얼굴이 피범벅이 되어 갔다.

다시 얼굴에 주먹을 날리면 녀석이 크게 다칠 수도 있을 것 같았다.

"어떡할래? 조용히 일어나서 교실로 돌아갈래. 아니면 계속할까?"

조용하고 나지막한 소리에 녀석은 고개를 끄덕였다.

싸움이 끝났는데도 구경꾼들은 계속하라는 소리를 질렀다.

이미 승부는 났고 더 이상의 펀치는 단순한 폭력에 지나는 않는다는
것을 나는 알고 있었다. 진짜 힘은 맞추는 데 있는 게 아니라, 맞출 수
있을 때 멈추는 것이 중요하다.

이날의 싸움에서 느낀 점은 정확한 타격은 분노가 아니라 정밀함에
서 나오는 것.

그리고 그날 이후, 주먹은 딱 멈춰야 할 때 멈춰야 한다는 의미를 알
게 되었다.

피로 뒤덮인 녀석의 절망적이고 비참한 표정이 가끔씩 떠오른다.

"무릎 위에서 내려다보는 진실 — 진짜 위에서 본다는 것"

니 온 벨리는 단순히 '높은 위치'가 아니다.

그것은 압박, 무게, 무시무시한 불균형의 힘으로 상대를 가둬 버리는 구속의 공간이다.

이 포지션에 올라타면, 시야가 달라진다.

상대의 눈동자가 보이고, 호흡의 리듬이 느껴지고, 두려움이 서서히 번지는 얼굴이 보인다.

그때 당신이 느끼는 감정은 무엇인가?

· 쾌감?

· 안도감?

· 죄책감?

아니다.

그건 생존의 기술을 마주한 자만이 느끼는 고요한 경계감이다.

무릎 위에서 내려다보는 건, 단지 상대가 아니라 자신의 경계선이다.

내가 얼마나 이성적으로 이 기술을 통제할 수 있는가, 내가 얼마나 더 침착하게, 정확하게, 인간적으로 행동할 수 있는가.

그것이 이 기술이 가지는 깊이이자 두려움이다.

당신이 타인을 지배하는 순간, 동시에 자신도 마주해야 한다는 것.

"타격의 철학 — 왜 얼굴인가?"

공격의 목표는 많다.

복부, 다리, 팔꿈치, 척추, 턱, 옆구리….

그중에서도 얼굴은 가장 본능적인 반응을 일으키는 부위다.

· 얼굴을 맞으면, 인간은 순간적으로 고개를 돌린다

· 눈을 감는다

· 시야를 잃고, 방향을 잃는다

· 동시에, 공포는 증폭된다

이것이 바로 얼굴 타격의 전략적 가치다.

그것은 단순한 물리적 데미지가 아니라, 심리적 붕괴를 유도하는 '전투 리셋 버튼'이다.

그래서 이 챕터의 부제는 이렇게 붙는다.

"How to Reset Someone's Face"

얼굴을 재설정한다는 것은, 단지 코뼈를 부수는 것이 아니라 그의 전투 흐름, 감정 흐름, 반응 흐름 자체를 초기화시키는 것이다.

이것은 무술에서 가장 중요한 개념 중 하나다.

'리듬을 끊는 기술'

그리고 그 기술의 정점이 바로, 니 온 벨리에서의 얼굴 타격이다.

정리 — 무릎 위의 결단, 주먹 끝의 책임

우리는 종종 힘을 가지는 것을 두려워한다.
왜냐하면, 그 힘이 책임을 요구하기 때문이다.

· 니 온 벨리 포지션은 그 힘의 상징이다
· 얼굴 타격은 그 힘의 실행이다
· 그리고, 타격 후 멈추는 것은 그 힘의 절제다

이 기술은 강자만이 사용할 수 있는 기술이 아니다.
이 기술은 강자가 되기 위해 반드시 이해해야 하는 통과의례다.
마지막으로 이 챕터의 핵심 메시지를 요약하자.

요약 문구

"강한 자는 때리는 사람이 아니라,
때릴 수 있지만 때리지 않는 사람이다."
"무릎 위에서 내려다보는 건 상대가 아니라 나 자신이다."
"얼굴을 가격하는 주먹에는 정확함과 책임이 함께 담겨야 한다."

매트 끝에서 바라본 바다

싸움은 오래전부터 인간의 원형적인 그림자였다.

원시의 어둠 속에서 불씨를 지키려던 두 손, 가뭄의 밭에서 물길을 두고 다투던 시선, 혹은 연인의 이름을 부르며 맞서던 젊은 어깨. 그 모든 것이 싸움이었다. 그러나 세월이 흘러도 변하지 않는 것이 있다.

싸움은 언제나 칼끝보다 마음에서 먼저 시작된다는 사실이다.

나는 수십 년 동안 수많은 싸움의 장면을 보았다.

땀에 젖은 도복, 숨이 터질 듯한 호흡, 그리고 승부가 갈린 직후의 침묵. 그런데 이상하게도, 가장 오래 기억에 남는 건 승리의 함성이나 패배의 울음이 아니었다.

그것은 한순간, 서로의 눈 속에 비친 서로의 얼굴이었다.

마치 거울을 마주 보듯, 두 사람은 그 짧은 순간에 자신을 보았다. 그리고 그때야 비로소 싸움은 끝나고, 삶이 시작되었다.

공권유술을 가르치며 나는 깨달았다.

싸움의 본질은 '부수는 것'이 아니라 '지키는 것'에 있다.

제자들은 종종 내게 물었다.

"관장님, 싸움에서 이기는 법을 알려 주세요."

나는 웃으며 대답했다.

"먼저 지는 법을 배워라. 그리고 지는 법이 너를 잃지 않는 법이 될 때, 너는 이미 이긴 것이다."

세상에서 가장 값비싼 승리는 자기 자신을 잃고 얻는 승리다.

그건 승리가 아니라 영혼의 채무다.

나는 매트를 바다라고 생각한다.

파도가 밀려오듯, 공격이 온다. 파도가 빠져나가듯, 물러남이 있다. 하지만 바다는 싸우지 않는다. 그저 받아들이고, 밀어낼 뿐이다.

그 수많은 제자들 중, 진정으로 강해진 사람들은 모두 바다의 방식을 닮아 갔다.

그들은 매트 위에서도, 인생의 길 위에서도 파도처럼 부드럽게 받아들이고, 단호하게 밀어냈다.

싸움에는 두 가지 종류가 있다.

눈에 보이는 싸움과 보이지 않는 싸움.

전자는 주먹과 발차기, 관절과 초크로 이어지는 물리의 세계다. 그러나 후자는 더 길고 깊다. 그것은 관계에서, 말 속에서, 심지어 침묵 속에서도 벌어진다.

아이러니하게도, 내가 제자들에게 가장 오래 가르친 것은 첫 번째 싸움이었다. 왜냐하면 그것은 격투가의 본능이기 때문이다.

나는 제자들에게 종종 말했다.

"너희의 기술은 칼처럼 날카로워야 하지만, 마음은 숲처럼 넓어야 한다."

칼만 들고 사는 사람은 언젠가 자신도 베인다. 그러나 숲을 품은 사람은 바람에도, 칼끝에도 무너지지 않는다.

이 책 속의 모든 그림과 문장은, 어쩌면 그 숲의 나이테를 그려 온 기록일지도 모른다.

이제 책을 덮는 당신은 매트 위의 싸움이 아니라, 매트 밖의 싸움에 서게 될 것이다.

그 싸움은 더 은밀하고, 더 무겁고, 더 고독하다.

친구의 배신, 세상의 불의, 혹은 자기 안의 나약함과 맞서는 일.

그 앞에서 당신이 어떤 선택을 할지는, 오직 당신의 몫이다. 그러나 내가 바라는 건 단 하나다. 그 순간, 당신이 주먹을 쥐기 전에 한 번 웃을 수 있기를. 웃는다는 건 방심이 아니라, 준비가 끝났다는 신호다.

이 책을 쓰며 나는 수없이 옛 제자들의 얼굴을 떠올렸다.

싸움이 끝난 뒤, 패배자에게 손을 내밀던 사람.

혹은 승리 후에도 고개를 숙이던 사람.

그들 모두가 내게 남긴 건 기술이 아니라 인간의 냄새였다.

공권유술은 무술이지만, 그 본질은 사람을 배우는 학문이다.

당신이 이 책에서 배운 것이 단 하나뿐이라도 좋다.

그것이 기술이든, 철학이든, 아니면 한 줄의 문장이든. 중요한 건, 그 배움이 당신을 더 단단하게 만들고, 동시에 더 부드럽게 만들었는가 하는 것이다.

강함과 부드러움은 대립이 아니라 동반자다.

칼날이 아무리 날카로워도, 손잡이가 부드럽지 않으면 오래 쓸 수 없다.

바람이 분다. 먼지가 일고, 발자국이 사라진다. 그러나 그 발자국을 걸었던 마음만은 사라지지 않는다.

이 책이 당신의 발자국 옆에 놓인 작은 조약돌이 되기를 바란다.

언젠가 먼 훗날, 그 조약돌을 들어 올렸을 때, 당신은 이 여정을, 이 싸움을, 그리고 그 싸움 속에서 웃을 수 있었던 자신을 기억하게 될 것이다.

그것이면 충분하다.

주먹

ⓒ 강준, 2025

초판 1쇄 발행 2025년 11월 24일

지은이   강준
펴낸이   이기봉
편집   좋은땅 편집팀
펴낸곳   도서출판 좋은땅
주소   서울특별시 마포구 양화로12길 26 지월드빌딩 (서교동 395-7)
전화   02)374-8616~7
팩스   02)374-8614
이메일   gworldbook@naver.com
홈페이지   www.g-world.co.kr

ISBN   979-11-388-4994-4 (03690)